Historical Documents Series

1939 Soviet Penitentiary Manual
«Tyuremnoe Delo»

Preface and editing: Olexa Balyura

South Eastern Publishers Inc
New York
2018

Пролетарии всех стран, соединяйтесь!
НАРОДНЫЙ КОМИССАРИАТ ВНУТРЕННИХ ДЕЛ СОЮЗА ССР
ОСОБОЕ БЮРО ПРИ НАРКОМЕ

УЧЕБНИКИ И УЧЕБНЫЕ ПОСОБИЯ
ПО ЧЕКИСТСКОЙ РАБОТЕ

ТЮРЕМНОЕ ДЕЛО

СОСТАВИЛИ:
ГАЛКИН А. Г., ЗИЛЬБЕРМАН К. С., ВОЛХОНСКИЙ В. А.,
ДОСТОВАЛОВ Л. П„ МАЛЬЦЕВ П. И.

Составлен на основании приказа Народного Комиссара Внутренних Дел Союза ССР тов. Л. П. БЕРИЯ от 29 июля 1939 года

Экз. № 2350

Москва   1939 г.

Copyright © 2018 South Eastern Publishers Inc
All rights reserved.
Except as permitted under the US Copyright Act, no part of this publication may be reproduced, distributed, or transmitted in any form or by any means, or stored in a database or retrieval system, without the prior written permission of the publisher.

South Eastern Publishers Inc.

228 Park Ave South,

New York, NY 10003-1502 USA

For more information e-mail info@sepublishers.com

or visit our website www.SEpublishers.com

Book design by B.B.Opastny

Printed in United States of America

First Edition: December 2018

ISBN 978-1-936531-18-9 (Paperback Edition)

ISBN 978-1-936531-19-6 (Ebook Edition)

Library of Congress Control Number: 2018965471

Содержание / Contents

INTRODUCTION ... 8
ВСТУПЛЕНИЕ ... 9
ИНСТРУКЦИЯ ... 10
ВВЕДЕНИЕ ... 11

ГЛАВА ПЕРВАЯ. ОРГАНИЗАЦИЯ ТЮРЕМ ... 17
    Порядок организации тюрем и их ликвидации ... 17
    Классификация и дислокация тюрем ... 17
    Принципы организации руководства тюрьмами ... 19

ГЛАВА ВТОРАЯ. ПРИЕМ АРЕСТОВАННЫХ И ЗАКЛЮЧЕННЫХ В ТЮРЬМУ, ИХ РАЗМЕЩЕНИЕ, РЕЖИМ СОДЕРЖАНИЯ, ВЫБЫТИЕ ИЗ ТЮРЬМЫ ... 20

1. Прием арестованных и заключенных в тюрьму ... 20
    Основание для приема ... 20
    Оформление приема ... 21
    Порядок и условия размещения ... 23
    Порядок перевода и движения заключенных в тюрьме ... 25

2. Режим содержания заключенных ... 29
    Значение тюремного режима ... 29
    Вопросы изоляции ... 31
    Ухищрения заключенных ... 35
    Правила внутреннего распорядка ... 40
    Прогулка ... 42
    Тюремная библиотека ... 43
    Тюремный ларек ... 48
    Свидания, переписка и передачи ... 48
    Обыск ... 51
    Меры взыскания ... 54
    Особенности в условиях содержания различных категорий заключенных ... 55

3. Заявления и жалобы заключенных ... 57
    Права заключенных в отношении написания и подачи заявлений и жалоб ... 57

Порядок приема и направления заявлений и жалоб … 58
　　Прокурорский надзор … 59
4. Выбытие заключенных из тюрьмы … 59
　　Освобождение … 59
　　Выбытие заключенных в лагерь, колонию или другую тюрьму.
　　Подготовка к этапированию … 61
　　Смерть заключенного в тюрьме … 62
ГЛАВА ТРЕТЬЯ. УЧЕТ ЗАКЛЮЧЕННЫХ В ТЮРЬМЕ … 64
　　Задачи учета заключенных … 64
　　Контроль за сроками содержания заключенных в тюрьме … 66
　　Порядок конвоирования заключенных … 66
ГЛАВА ЧЕТВЕРТАЯ. АГЕНТУРНО-ОПЕРАТИВНАЯ РАБОТА СРЕДИ ЗАКЛЮЧЕННЫХ – ОДНА ИЗ ФОРМ ОБЕСПЕЧЕНИЯ ПРАВИЛЬНОГО ХОДА СЛЕДСТВИЯ И ОДИН ИЗ ВИДОВ ОБЕСПЕЧЕНИЯ ОХРАНЫ ТЮРЕМ … 68
　　Общее понятие об агентурно-оперативной работе в тюрьмах НКВД среди заключенных, ее цели, задачи и особенности … 68
　　Организация агентурно-оперативной работы … 73
　　Связь и руководство внутрикамерным осведомлением … 82
　　Использование материалов, получаемых от внутрикамерного осведомления … 95
　　Оперативный учет … 96
　　Следственная работа по делам заключенных, возникающим в тюрьме … 99
ГЛАВА ПЯТАЯ. ОХРАНА ТЮРЕМ … 101
　　Организация охраны … 101
　　Наружная охрана … 101
　　Внутренний тюремный надзор … 102
　　Технические средства охраны … 104
　　Проверка тюрем … 105
ГЛАВА ШЕСТАЯ. САНИТАРНАЯ РАБОТА В ТЮРЬМЕ … 106
　　Общие задачи санитарной работы … 106
　　Особенности санитарно-профилактической работы по предупреждению заболеваемости среди заключенных … 108
　　Санитарно-профилактическое обеспечение личного состава,

соприкасающегося с заключенными во время работы ... 113
Особенности устройства и оборудования лечебных учреждений тюрьмы ... 115
Особенности амбулаторного и стационарного лечения больных заключенных ... 116
Особенности ведения аптечного хозяйства в тюрьмах ... 120
Содержание грудных детей в тюрьмах ... 122
Особенности медицинской документации и санитарной статистики в тюрьмах ... 124

ГЛАВА СЕДЬМАЯ. ДОВОЛЬСТВИЕ ЗАКЛЮЧЕННЫХ ... 129

ГЛАВА ВОСЬМАЯ. ТЮРЕМНЫЕ ЗДАНИЯ, ИХ УСТРОЙСТВО И ОБОРУДОВАНИЕ С ТОЧКИ ЗРЕНИЯ ОБЕСПЕЧЕНИЯ РЕЖИМА, ИЗОЛЯЦИИ И ОХРАНЫ ТЮРЕМ ... 133

Устройство различных типов тюрем ... 133
Архитектура и планировка тюремных зданий ... 135
Устройство тюремных помещений ... 137
Оборудование тюремных корпусов ... 148
Средства связи и сигнализации в тюремных корпусах ... 149
Устройство и оборудование хозяйственных и подсобных помещений ... 150

Introduction

This book was prepared in the 2nd half of 1939 by the group of authors by the order of Lavrentiy Beriya, then People's Commissar of Internal Affairs of the Soviet Union by the team led by Aleksand Grigorievich Galkin, then chief of NKVD Prisons department.

Other authors of this publication included Konstantin Sergeevich Zilberman, head of 2nd department of Prison department, Viktor Aleksandrovich Volkhonskij, head of prison inspections, L.P. Dostovalov (position unknown) and Pavel Ivanovich Maltsev, head of 3rd department of Prison Department.

For years it was a manual for Stalin's prisons management as it detailed all aspects of the trade.

It is important to note that the book describes prisons only, and does not cover any details of labor camps, where most of the Stalin's repression victims were held.

The book was classified "Top Secret", and therefore not many copies of it survived, and they are not available in any library.

It was declassified in full by the State Archive of Ukrainian Security Services in 2009.

We tried several years to get hold of the copy, which was finally became available ad digitized thanks to Mr K. Boguslavsky.

We have changed a few obvious typographical errors otherwise the text s identical to the 1939 edition.

The book in Russian language. Out of copyright government publication. Provided for research and information purposes only.

Olexa Balyura,
Historian
(olexa.bal@gmail.com)

Вступление

Данная книга была подготовлена во второй половине 1939 года группой авторов по приказу Лаврентия Берия, тогдашнего народного комиссара внутренних дел СССР группой авторов во главе с Александром Григорьевичем Галкиным, руководителем Тюремного департамента НКВД.

Другие авторы публикации: Константин Сергеевич Зильберман, начальник 2 отделения Тюремного Отдела ГУГБ НКВД, Виктор Александрович Волхонский, начальник инспекции при начальнике Главного Тюремного управления, Л.П. Доставалов (должность неизвестна), Павел Иванович Мальцев, начальник 3 отдела Главного Тюремного управления НКВД.

В течение ряда лет этот справочник был основным руководящим документом руководства и сотрудников многочисленных тюрем НКВД.

Необходимо отметить, что данная книга описывает только устройство тюрем, и практически не дает никаких подробностей устройства исправительно-трудовых лагерей, где содержалась большая часть жертв сталинских репрессий.

Книга имела гриф «Совершенно Секретно», по этой причине сохранилось мало экземпляров, и они не представлены ни в каких библиотеках.

Она была полностью рассекречена Отраслевым государственным архивом Службы безопасности Украины в 2009 году.

Мы несколько лет пытались найти копию данной книги, и нашли ее в цифровом виде благодаря усилиям К. Богуславского.

Мы исправили небольшое количество опечаток и явных типографских ошибок, в остальном текст книги идентичен изданию 1939 года.

Книга на русском языке. Правительственная публикация, не охраняемая авторским правом. Предоставляется для исследовательских и информационных целей.

Олекса Балюра, историк (olexa.bal@gmail.com)

ИНСТРУКЦИЯ

о порядке рассылки, хранения и пользования учебными пособиями по чекистской работе.

(Утверждена Народным Комиссаром Внутренних Дел Союза ССР 9 октября 1939 г.).

1. Учебные пособия по чекистской работе учитываются и рассылаются на места кодификационным отделением Секретариата НКВД на правах секретных материалов.

2. Пособия по чекистской работе хранятся: в НКВД СССР — в библиотеке Особого бюро при Наркоме Внутренних Дел Союза ССР; в НКВД и УНКВД — у начальника секретариата; в горотделах и райотделениях — у начальников горотделов и райотделов; в ДТО, ОДТО, в ОО — у начальника ДТО, ОДТО и ОО.

3. Хранение пособий по чекистской работе в личных библиотеках работников НКВД воспрещается.

4. Пособия по чекистской работе, как строго секретные материалы, выдаются для изучения под расписку только оперативным работникам НКВД.

5. Слушатели школ НКВД пользуются пособиями по чекистской работе, как строго секретными документами, исключительно в читальнях школ.

6. Ответственность за соблюдение правил пользования пособиями по чекистской работе возлагается: в НКВД СССР на начальника Особого бюро и его заместителей; в НКВД и УНКВД — на начальников секретариатов; в горотделах НКВД — на начальников горотделов; в райотделениях НКВД — на начальников райотделений; в особых отделах — на начальников особых отделов; в особых отделениях — на начальников особых отделений; в ДТО и ОДТО — на начальников ДТО и начальников ОДТО; в школах и курсах — на начальников школ и курсов.

ВВЕДЕНИЕ

Тюрьмы СССР принципиально отличаются от тюрем капиталистических стран. Это отличие определяется в первую очередь принципиальной разницей между капиталистическим и социалистическим государствами.

Капиталистическое государство имеет своей главной задачей «держать в узде эксплоатируемое большинство в интересах эксплоататорского меньшинства» (Сталин. «Вопросы Ленинизма», стр. 604, изд. XI). Социалистическое же государство имеет своей главной целью «использование власти пролетариата для подавления эксплоататоров, ...для организации социализма, для уничтожения классов, для перехода в общество без классов, в общество без государства» (Сталин. «Вопросы Ленинизма», стр. 117, изд. XI). Социалистическое государство призвано подавлять сопротивление и подрывные действия остатков враждебных классов и капиталистического окружения во имя интересов всего советского народа, во имя победы коммунизма.

Тюрьмы, наряду с армией, карательными органами и разведкой, являются орудиями власти господствующего класса.

В капиталистических странах тюрьмы используются капиталистами против рабочих, крестьян и трудовой интеллигенции для сохранения и укрепления классового общества, частной собственности на орудия и средства производства и эксплоатации человека человеком.

В нашей стране рабочий класс под руководством партии Ленина—Сталина в результате Великой Октябрьской социалистической революции уничтожил эксплоататорское государство и создал новое, социалистическое государство рабочих и крестьян, которое опирается не на частную, а на социалистическую систему хозяйства и социалистическую собственность на орудия и средства производства.

Тюрьмы в нашей стране являются орудием диктатуры пролетариата, орудием, направленным против шпионов, убийц, вредителей, засылаемых в нашу страну иностранными разведками, против дезорганизаторов социалистического хозяйства, воров и расхитителей социалистического народного добра.

Наши тюрьмы действуют в интересах трудящегося большинства, в интересах всего советского народа, в интересах построения бесклассового социалистического общества.

Тюрьмы в эксплоататорском государстве действуют в интересах господствующего меньшинства, защищая его богатства и привилегии. Примером могут служить царские тюрьмы, являвшиеся орудием классового господства помещиков и капиталистов.

Об основах карательной политики и режиме тюрем царской России наиболее наглядное представление дает статья 301-я «Общей тюремной инструкции», утвержденной 28 декабря 1915 года министром юстиции Хвостовым. По точному смыслу этой статьи за некоторые проступки против тюремной дисциплины осужденные заключенные подвергаются телесному наказанию «по соображению» не только с тягостью вины, но и с принадлежностью заключенного до осуждения к тому или другому классу населения.

Подследственные заключенные, если они не принадлежали к привилегированным классам, разумеется, не избавлялись от физического воздействия царских тюремщиков. Экзекуция обставлялась менее торжественно, но пускавшиеся в ход вместо розг или плетей подкованные сапоги и фунтовые ключи еще успешнее калечили классовых врагов царизма, чем розги и плети.

Велико было разнообразие царских мест заключения: каторжные тюрьмы, исправительные арестантские отделения, крепости, военные тюрьмы, дисциплинарные батальоны и роты, плавучие тюрьмы, губернские и уездные тюрьмы, арестные дома. Все это далеко не полный перечень царских застенков. Царская Россия, справедливо считавшаяся тюрьмой народов, охотно мирилась с отсутствием средней школы в том или ином небольшом городе, но не мирилась с отсутствием в нем тюрьмы и собора.

Великая Октябрьская социалистическая революция, сломавшая старую буржуазную государственную машину со всем ее аппаратом угнетения и создавшая новый тип государства — диктатуру пролетариата, сделала тюрьмы одним из орудий диктатуры завоевавшего власть пролетариата, орудием, направленным против разбитых эксплоататорских классов помещиков и буржуазии, против оголтелой белогвардейщины и ее приспешников из так называемых «социалистических» партий.

Для того, чтобы отвечать этим новым задачам, тюрьмы должны были подвергнуться коренной ломке в следующих направлениях: 1) изгнание всего уцелевшего в период Временного правительства старого тюремного персонала, 2) устранение нетерпимого в тюрьмах Советского государства издевательства над заключенными, 3) усовершенствование системы изоляции заключенных, обеспечивающее успешную борьбу с злейшими врагами народа — контрреволюционерами и социально-вредными элементами.

Народные комиссариаты юстиции, в ведение которых поступили тюрьмы, довольно успешно оправились с первыми двумя задачами. Но враги, пробравшиеся в органы юстиции, сорвали решение третьей задачи — усовершенствование системы изоляции заключенных.

Изданное в 1920 г. Наркоматом юстиции РСФСР положение об общих местах заключения не только допускает, но буквально предлагает подследственным заключенным «избрать занятие по своему усмотрению» (§ 115). Тем же положением не только разрешается устройство в тюрьмах для заключенных концертов, спектаклей и иных развлечений (§ 155), но вменяется в обязанность тюремной администрации «в возможно широкой мере привлекать самих заключенных к подготовительным работам по устройству этих развлечений и к участию в них».

Если к этому добавить, что § 112 того же положения требует, чтобы содержание тюрем окупалось трудом заключенных, причем, никаких оговорок в отношении подследственных не сделано, то становится вполне понятным, что начальники тюрем и учрежденные при них коллегии были больше озабочены вопросами самоокупаемости тюрем, чем вопросами изоляции заключенных.

Созданное впоследствии в системе Наркомюста Главное управление исправительно-трудовых учреждений не ставило перед собой задачи упорядочения дела изоляции заключенных. Увлекшись коммерческой стороной дела, оно привело тюрьмы в состояние полного развала режима и изоляции, что нашло достаточное отражение в акте передачи мест заключения в систему Главного управления лагерей и мест заключения НКВД СССР в 1934 году.

ВВЕДЕНИЕ

«Большинство принятых закрытых мест заключения (т. е. тюрем), — говорится в акте, — находится в зданиях не ремонтировавшихся с дореволюционного времени. Состояние этих зданий таково, что во многих областях и краях они без капитального ремонта не могут быть в дальнейшем использованы для изоляции преступников. По внешнему виду многие тюрьмы представляют из себя полуразрушенные здания с выломанными решетками, с обвалившимися стенами и заколоченными фанерой окнами. В ряде тюрем канализация и отопление разрушены, в тюремных дворах устроены свалки из нечистот, распространяющих зловоние по всей тюрьме.

Наряду с этим, значительные средства из доходов мест заключения расходовались на строительство домов для прокуратуры, судов, содержание курсов работников юстиции, кооперативов и т.д.

Камеры, в которых содержатся как осужденные, так и подследственные, во все время суток открыты. В тюрьмах, даже где содержатся подследственные, имеется радио. Заключенные разгуливают по всей тюрьме, устраивают пьяные оргии, процветает разврат, картежные игры, разбойные налеты друг на друга. Совершенно свободно заключенные, в том числе и следственные, уходят из тюрьмы в город, где производят грабежи и награбленное приносят в тюрьму для продажи.

В акте особо подчеркнуто отсутствие изоляции подследственных заключенных, которые использовались, независимо от характера обвинения, на внешних работах и даже в аппаратах тюрем и получали свидания, переписку и газеты без разрешения следственных органов.

В результате такого «режима» за 10 месяцев 1934 года из мест заключения РСФСР бежало 61.905 заключенных.

Главное управление лагерей НКВД также не оправилось с задачей устранения вышеуказанных недостатков. Характерно, что предусмотренный в системе центрального аппарата ГУЛАГа отдел мест заключения (для руководства тюрьмами и исправительно-трудовыми колониями) задолго до передачи тюрем в ведение Главного тюремного управления НКВД СССР (т. е. до 1 января 1939 г.) перестал существовать, и работу тюрем никто фактически не направлял. Состояние тюремных зданий по сравнению с 1934 г. еще более ухудшилось. ГУЛАГ рассматривал тюрьмы только как резервуар накопления и сортировки рабочей силы для исправительно-трудовых лагерей и колоний и как отстойник для инвалидов, неспособных к труду. Значительная часть тюрем была полностью или частично превращена в исправительно-трудовые колонии фабрично-заводского или сельско-хозяйственного типа. Качество работы начальника тюрьмы ГУЛАГом обычно оценивалось не по состоянию режима и изоляции заключенных, а по производственно-коммерческим результатам работы колонии при тюрьме.

В значительно лучшем состоянии оказалось большинство внутренних тюрем НКВД—УНКВД для содержания подследственных. Этот тип тюрем возник одновременно с организацией органов ЧК. Тогда тюрьмы, размещаемые внутри зданий ЧК, стали называть внутренними. Неудобство временно приспособленных помещений, отсутствие типовых инструкций по вопросам режима, малочисленные штаты — все это оказывало, конечно, отрицательное влияние на режим содержания заключенных. Тем не менее режим внутренних тюрем всегда обеспечивал в известной мере интересы следствия но делам о государственных преступлениях и не мог идти в какое-либо сравнение с «режимом» тюрем ГУЛАГа.

До января 1937 года большинство внутренних тюрем (или, как их несколько лет называли, — внутренних изоляторов) находилось в системе комендантских аппаратов органов ВЧК—ОГПУ—НКВД. Затем они приобрели самостоятельность, войдя в систему 10 отдела ГУГБ (впоследствии тюремного отдела НКВД), и с 1 января 1939 г. — в систему Главного тюремного управления НКВД СССР.

Карательные органы и разведка социалистического государства под руководством партии Ленина—Сталина провели за последние годы огромную очистительную работу по ликвидации троцкистско-бухаринских шпионов, наймитов империализма. Функции разведки — ловить и беспощадно карать шпионов, диверсантов, убийц, засылаемых в социалистическое государство капиталистическими разведками, сохраняются целиком и полностью и впредь. Сохраняются также и тюрьмы как орудие осуществления карательной политики Советской власти.

Необходимость сохранения и укрепления тюрем диктуется капиталистическим окружением, в котором -находится наша страна.

ВВЕДЕНИЕ

Товарищ Сталин говорил в своем докладе на XVIII партийном съезде:

«Не забывать о капиталистическом окружении, помнить, что иностранная разведка будет засылать в нашу страну шпионов, убийц, вредителей, помнить об этом и укреплять нашу социалистическую разведку, систематически помогая ей громить и корчевать врагов народа».

Всю работу наших тюрем нужно организовать так, чтобы обеспечить проведение в жизнь этого указания товарища Сталина.

ГЛАВА ПЕРВАЯ. ОРГАНИЗАЦИЯ ТЮРЕМ

Порядок организации тюрем и их ликвидации

Положениями о тюрьмах НКВД для подследственных и тюрьмах ГУГБ для осужденных, утвержденными в 1939 году, установлено, что тюрьмы могут создаваться и ликвидироваться только по приказу Народного комиссара внутренних дел Союза ССР.

Установление этого порядка имеет в виду: а) устранить возможность создания на местах без ведома НКВД СССР всякого рода временных тюрем; б) обеспечить в случаях необходимости создание тюрем, отвечающих требованиям установленного тюремного режима, изоляции и охраны; в) обеспечить правильное, в соответствии с указаниями НКВД СССР и местными условиями, использование закрываемых тюремных корпусов и других зданий, а также оборудования, принадлежащего тюрьме; г) предотвратить возможность закрытия тюрем, утративших свое значение в масштабе области, края, республики без учета общегосударственных соображений.

Классификация и дислокация тюрем

Основной и наиболее распространенной категорией тюрем в Советском Союзе являются общие тюрьмы для содержания подследственных заключенных. Наименование этой категории тюрем вытекает из их предназначения. В общих тюрьмах могут содержаться подследственные и подсудимые заключенные независимо от того, каким следственным или судебным органом ведется дело (прокуратура, суд, НКВД) и по каким статьям уголовного кодекса предъявлено обвинение. Необходимо лишь, чтобы эти статьи давали право следственному органу или суду применить в качестве меры пресечения содержание под стражей.

Дислокация общих тюрем в настоящее время не обеспечивает равномерной загруженности тюрем в областном (краевом) и районном масштабах. Тюрьмы строились десятки лет тому назад применительно к территориальному делению на губернии и уезды. Ряд уездных городов и даже поселков стали за это время областными и республиканскими центрами с возросшим во много раз населением. Значительное число тюремных зданий переоборудовано под другие нужды, а некоторая часть износилась. Новых зданий тюрем этой категории за последние два десятилетия не возводилось. Все это вместе взятое создало такое положение, при котором в одних районах и областях общие тюрьмы, как правило, мало загружены, а в других — вместимость тюрем ниже потребности.

Другая категория тюрем для содержания подследственных заключенных — внутренние тюрьмы НКВД республик и УНКВД областей (краев). Число этих тюрем значительно меньше, чем общих тюрем, так как внутренние тюрьмы организуются, как правило, только в зданиях НКВД и УНКВД республик и областей (краев), а также в зданиях крупных городских отделов НКВД. В виде исключения допускается организация отделений внутренних тюрем вне зданий НКВД–УНКВД в тех случаях, когда размеры и устройство зданий не позволяют довести емкость внутренней тюрьмы до необходимого лимита.

Во внутренних тюрьмах и их отделениях могут содержаться, как правило, только подследственные и подсудимые заключенные, обвиняемые в государственных преступлениях (ст. 58 УК РСФСР), следствие по делам которых ведется органами государственной безопасности.

Третья категория — центральные тюрьмы ГУГБ для содержания подследственных. Эти тюрьмы находятся в непосредственном подчинении Главного тюремного управления.

К этой небольшой группе тюрем относится прежде всего внутренняя тюрьма ГУГБ и несколько дислоцированных в Москве тюрем ГУГБ, предназначенных для содержания того же контингента заключенных, что и внутренняя тюрьма, ограниченная емкость которой не соответствует объему работы центральных органов государственной безопасности.

Четвертая категория — тюрьмы ГУГБ для содержания осужденных особо-опасных государственных преступников. Они также непосредственно подчинены Главному тюремному управлению. Несколько действующих и консервированных тюрем этой категории дислоцированы на периферии.

Пятая категория — специальные тюрьмы НКВД СССР и УНКВД для содержания осужденных заключенных, используемых по специальному назначению. Дислокация этих тюрем обусловлена местонахождением соответствующих производственных предприятий и научно-исследовательских институтов, в контакте с которыми проводится работа заключенных.

Принципы организации руководства тюрьмами

Созданное и начале 1939 года в составе Наркомата внутренних дел СССР Главное тюремное управление, в отличие от Главного управлении лагерей, осуществляет руководство только теми отраслями работы тюрем, которые обеспечивают охрану, изоляцию и режим содержания заключенных и подготовку личного состава тюрем.

Что касается каких-либо производственных функций тюрем, то они совершенно отпадают, так как действующими положениями о тюрьмах (в том числе и для осужденных) допускается использование труда заключенных только для внутреннего самообслуживания и в самых ограниченных пределах, о чем будет говориться ниже.

В связи с тем, что центральные тюрьмы для содержания подследственных и тюрьмы ГУГБ для содержания осужденных к тюремному заключению изъяты из подчинения начальников УНКВД тех областей, на территории которых они дислоцированы, руководство ими осуществляется, как уже сказано, Главным тюремным управлением непосредственно. Всеми прочими тюрьмами Главное тюремное управление руководит через тюремные отделы и отделения НКВД союзных и автономных республик и УНКВД краев и областей.

ГЛАВА ВТОРАЯ. ПРИЕМ АРЕСТОВАННЫХ И ЗАКЛЮЧЕННЫХ В ТЮРЬМУ, ИХ РАЗМЕЩЕНИЕ, РЕЖИМ СОДЕРЖАНИЯ, ВЫБЫТИЕ ИЗ ТЮРЬМЫ

1. Прием арестованных и заключенных в тюрьму

Основание для приема

Для обозначения лиц, взятых под стражу, до последнего времени применялись различные термины. Содержащихся в тюрьме именовали «арестованный», «арестант», «лишенный свободы», «заключенный». В настоящее время Положением о тюрьмах НКВД для содержания подследственных, объявленном в приказе НКВД СССР № 00859 от 28 июля 1939 года, внесена определенность в терминологию. Установлено, что «содержащееся в тюрьме лицо должно именоваться «заключенный». Вместе с тем сохранен также термин «арестованный» для обозначения лиц, взятых под стражу, но еще не заключенных в тюрьму.

В соответствии со сказанным выше в тюрьму могут приниматься и арестованные, т. е. лица только что задержанные и доставленные в тюрьму, и заключенные, прибывшие в данную тюрьму из какой-либо другой тюрьмы или другого места лишения свободы.

Статья 5-ая уголовно-процессуального кодекса гласит: «Никто не может быть лишен свободы и заключен под стражу иначе, как в случаях, указанных в законе и в порядке законом определенном». Следовательно, никто не может быть принят для содержания в тюрьму иначе как в порядке, установленном законом и Положением о тюрьмах. Основанием для приема арестованного в тюрьму может служить только один из следующих документов:

а) копия постановления следственного органа об избрании меры пресечения, составленного в соответствии с УПК, санкционированного прокурором;

б) копия постановления прокурора об избрании меры пресечения;

в) копия приговора суда о лишении свободы;

г) копия определения суда о заключении под стражу.

Только при наличии одного из этих документов начальник тюрьмы имеет право принимать в тюрьму, а также и содержать в тюрьме.

Поступающие в тюрьму заключенные (при переводе из тюрьмы в тюрьму) точно также могут быть принимаемы только при наличии одного из перечисленных выше документов. Но в данном случае тюрьма имеет дело уже с документально оформленным заключенным, и документ, послуживший основанием для его приема, должен находиться в его личном тюремном деле, без которого ни один заключенный не может быть ни отправлен, ни принят тюрьмой или другим местом лишения свободы. Что касается тюрем для осужденных, то они могут принимать только осужденных заключенных. Следовательно, основанием для приема заключенного в эту тюрьму может служить только копия приговора суда о лишении свободы или выписка из постановления Особого Совещания при НКВД СССР, имеющая значение копии приговора суда. Кроме того, поскольку для отбытия наказания в тюрьму для осужденных заключенный может быть направлен только по наряду Главного тюремного управления НКВД СССР, в личном тюремном деле заключенного, направленного в тюрьму для осужденных, помимо копии приговора суда или выписки из постановления Особого Совещания при НКВД СССР, должен быть еще наряд. Копии всех упомянутых выше документов могут считаться действительными только в том случае, если они заверены надлежащими подписями и печатями.

Оформление приема

При приеме арестованного необходимо прежде всего- обеспечить его изоляцию от «воли» и от заключенных других камер. В дальнейшем этот вопрос — один из основных вопросов тюремного режима — разбирается во всех его деталях. Здесь же необходимо указать, что требование изоляции каждого поступившего в тюрьму арестованного (заключенного) должно неуклонно соблюдаться с момента вступления арестованного на территорию тюрьмы. Поэтому, во-первых, прибытие данного арестованного в тюрьму должно быть известно только тем работникам тюрьмы, которые непосредственно, по обязанности службы, оформляют прием и, во-вторых, само оформление производится в индивидуальном порядке. Этот порядок должен соблюдаться даже в том случае, если арестованные прибыли в тюрьму группой, не изолированные друг от друга. Для этой цели в тюрьме, в комнате приема арестованных, оборудуются кабины («боксы»), в которые и помещаются по одному принимаемые арестованные.

Прием арестованного в тюрьму является весьма ответственным процессом и производится лично дежурным помощником начальника тюрьмы. Прием начинается с вручения конвоем документов, при которых арестованные доставлены в тюрьму. Приняв документы и проверив их правильность, дежурный помощник начальника тюрьмы проверяет свободна ли камера приема, нет ли в ней ранее прибывших арестованных, есть ли достаточное количество свободных кабин для размещения вновь прибывших арестованных, нет ли в кабинах каких-либо надписей или неубранных предметов. Только после этого дежурный помощник начальника тюрьмы дает указание вводить арестованных. Вывод из автозака (если арестованные прибыли в нем) и ввод в комнату приема во всех случаях производится по одному. Введенный арестованный сейчас же вместе с вещами (если он прибыл с ними) помещается в кабину, и кабина запирается. Таким же образом вводятся и размещаются по кабинам все остальные прибывшие арестованные. Обязанность старшего конвоя проверить, все ли арестованные выведены из автозака. Наблюдение за поведением арестованных через «глазки», имеющиеся в дверях кабин, ведет дежурный надзиратель комнаты приема.

Когда арестованные размещены по кабинам, дежурный помощник начальника тюрьмы дает указание ввести прибывшего арестованного в изолированную комнату, где устанавливается его фамилия, имя и отчество в соответствии с документом, послужившим основанием для ареста. После этого арестованного возвращают обратно в кабину. Таким же образом производится опрос остальных арестованных. (В том случае, если кабины изолированы одна от другой так, что обеспечивают звуконепроницаемость, опрос фамилий и сверка их с документами может производиться непосредственно в кабине). После этого дежурный помощник начальника тюрьмы расписывается в приеме от конвоя арестованных и документов.

После приема арестованных необходимо произвести личный обыск каждого. Каждый арестованный по-одному должен быть выеден в хорошо освещенную комнату и подвергнут тщательному обыску. Обыскиваются и находящиеся при нем вещи. Все недопускаемые к хранению в камере вещи, а также ценности, деньги и документы отбираются.

О производстве обыска составляется протокол; на все отобранное арестованному выдается квитанция.

После обыска производится заполнение учетных документов (карточек) и дактилоскопирование, затем заключенный подвергается санитарной обработке (мытье в бане или под душем, стрижка и т. д.) и медицинскому осмотру. Только после этого арестованный (заключенный) может быть помещен в камеру. Фотографирование заключенного должно быть произведено не позднее, чем через 24 часа после приема.

В случае, если принимается арестованный, имеющий военное или специальное звание или право ношения форменной одежды, и арестованный прибыл в тюрьму в присвоенной ему форме, последний переодевается в штатскую одежду. При отсутствии у заключенного собственной штатской одежды, с гимнастерки (френча) и шинели снимаются петлицы и знаки различия и заменяется форменная фуражка.

Порядок и условия размещения

К размещению заключенных по камерам следует подходить с особым вниманием. Всякая изоляция может оказаться бесполезной, если заключенные однодельцы, т. е. лица проходящие по одному делу, окажутся помещенными в одной камере.

Но тюрьма не знает и не может знать, какие из прибывших заключенных являются однодельцами, или кто из содержащихся уже в тюрьме является однодельцем вновь прибывшего заключенного. Поэтому Положением о тюрьмах установлено, что органы, ведущие следствие, обязаны давать указания о лицах, проходящих по одному делу, чтобы разместить их отдельно друг от друга. Это указание должно поступить в тюрьму одновременно с арестованными. И только в том случае, если такое указание не будет дано следственным органом, начальник тюрьмы может размещать арестованных по своему усмотрению, применяясь к характеру дела и обстановки. Однако при отсутствии таких указаний никакая предусмотрительность начальника тюрьмы не может гарантировать от всякого рода случайностей и возможного помещения однодельцев в одну камеру.

Таким образом, при размещении заключенных по камерам прежде всего должна быть обеспечена изоляция друг от друга арестованных, проходящих по одному делу. Это первое и основное условие.

Администрация тюрьмы должна также, в целях наибольшей гарантии изоляции, избегать помещения однодельцев в смежных камерах, а если имеется возможность, то и не помещать их в камерах, расположенных в одном и том же коридоре.

В особых случаях, главным образом при размещении арестованных, обвиняемых в антисоветской деятельности, администрация тюрьмы должна предусмотреть еще следующее: допустим, что вновь прибывший заключенный «X» арестован 15 июня и будет помещен в камеру № 55, в которой содержатся 10 заключенных в течение одного месяца и более.

Следствие по делам этих заключенных заинтересовано в том, чтобы они не были осведомлены о событиях, представляющих для них интерес и могущих быть ими использованы в борьбе со следствием. Поместив в эту камеру заключенного «X», администрация тюрьмы тем самым дала бы возможность этим десяти заключенным стать в курсе событий, которые могут быть ими использованы в борьбе со следствием, например: судебный процесс, арест единомышленников, смена руководства ведомства, учреждения или предприятия, смерть или бегство соучастников преступления и т. д. и т. п. Поэтому при размещении вновь прибывших заключенных по общим камерам необходимо по возможности избегать помещения вновь прибывших арестованных в камеры, давно укомплектованные. В приводимом примере заключенный «X» не должен быть помещен в камеру № 55.

Еще большая гибкость и предусмотрительность должны быть проявлены при размещении арестованных по камерам, когда имеется необходимость изолировать друг от друга не только однодельцев, но и целые категории заключенных, например, японских шпионов друг от друга.

Наконец, при размещении заключенных должны быть соблюдены такие обязательные правила размещения:

а) мужчины отдельно от женщин;

б) подростки от 16 до 18 лет — мальчики отдельно от девочек; те и другие — отдельно от взрослых заключенных;

в) несовершеннолетние правонарушители в возрасте от 12 до 16 лет — отдельно от подростов 16—18 лет и от взрослых заключенных; мальчики — отдельно от девочек;

г) обвиняемые в совершении преступлений контрреволюционного характера — отдельно от обвиняемых в иных преступлениях; те и другие — отдельно от рецидивистов;

д) бывшие работники НКВД, НКЮ, прокуратуры и суда, а также бывшие военнослужащие командного, начальствующего и политического состава РККА, Военно-морского флота и войск НКВД — отдельно от других заключенных.

Из сказанного следует, что размещение прибывающих в тюрьму заключенных является весьма сложным и ответственным делом. Не всегда вопрос о порядке размещения может решать дежурный помощник начальника тюрьмы. В этих случаях он докладывает начальнику тюрьмы и действует согласно его указаниям.

После того как установлено, в какую камеру должен быть помещен вновь принятый арестованный, последний конвоируется в камеру. Надзиратель-конвоир должен внимательно прочесть талон с указанием номера камеры, в которую подлежит помещению данный арестованный и затем конвоировать его в камеру с соблюдением всех правил конвоирования заключенных в тюрьме.

Порядок перевода и движения заключенных в тюрьме

Каждый заключенный, даже в случаях кратковременного пребывания в тюрьме, выводится на прогулку, в баню, к врачу, на допрос к следователю. Может потребоваться и перевод его в другую камеру и т. д.

Администрация тюрьмы не может без согласования со следственным органом, за которым числится заключенный, переводить его из тюрьмы в тюрьму, хотя бы другая тюрьма и была расположена

ГЛАВА ВТОРАЯ. ПРИЕМ АРЕСТОВАННЫХ И ЗАКЛЮЧЕННЫХ

в одном и том же городе. Что касается движения заключенного внутри тюрьмы, вплоть до перевода из камеры в камеру, (кроме перевода из одиночной камеры в общую) то это может производиться без санкции и специального уведомления следственного органа. Однако при всяком передвижении заключенного в тюрьме должна строго соблюдаться та изоляция, при которой он содержится.

Перевод заключенного из одной общей камеры в другую производится только в случаях крайней необходимости и с соблюдением особой осторожности, так как даже при строгом соблюдении указаний следственного органа перевод может нарушить изоляцию. Возьмем такой пример. Заключенный Иванов проходит по одному делу с заключенными Петровым, Сидоровым, Александровым, содержащимися в камерах 10-й, 15-й и 44-й; имеется указание следственного органа изолировать Иванова от однодельцев, т. е. Петрова, Сидорова и Александрова, что и выполняется. Иванов помещается в камеру № 33. В той же камере № 33 содержится заключенный Козлов, проходящий по делу, совершенно не связанному с делом Иванова. Иванов делится с сокамерником Козловым подробностями следствия по своему делу. Некоторое время спустя Козлов переводится в камеру № 10, в которой содержится Петров, или Козлов переводится в камеру № 90 и в ту же камеру переводится Петров. Петров рассказывает в камере подробности следствия по своему делу. Заключенный Козлов догадывается, что Иванов и Петров однодельцы и сообщает последнему о всем слышанном от Иванова. В результате Петров не только узнает, что Иванов арестован (что может повредить успешному ходу следствия), но и сущность предъявляемых Иванову обвинений и его показаний.

Из приведенного примера видно, как может быть нарушена изоляция даже при формально правильно проведенном перемещении заключенного из одной камеры в другую. Это наиболее типичный случай. Нарушение изоляции будет иметь место в особенности, если перемещаемый заключенный побывал в нескольких камерах.

Опасность нарушения изоляции заключенных как при размещении их по прибытии в тюрьму, так и при перемещении из камеры в камеру значительно уменьшается, если с момента прибытия в тюрьму и до момента выбытия из нее арестованный содержится в одиночном заключении или, если заключенные, содержащиеся в общей камере, не переводятся в другие камеры в течение всего времени своего нахождения в данной тюрьме. Но это, так сказать, идеальная система. В силу ограниченной емкости тюрем, одиночное заключение полностью применимо только в отношении особо опасных преступников. Совершенно же не допускать перевода заключенных из одной камеры в другую практически невозможно. Поэтому задача руководства тюрьмы и следственного органа, распоряжающегося направлением арестованных той или иной категории в камеры, состоит в том, чтобы максимально приблизить условия изоляции большинства заключенных к идеальным и свести к минимуму перемещения заключенных из тюрьмы в тюрьму, из корпуса в корпус, из камеры в камеру.

Как сказано выше, заключенный не может безвыходно находиться в камере: его выводят в уборную, на прогулку, на допрос к следователю, к врачу, в баню, на свидание с защитником, на свидание с родственниками (с разрешения следственного органа). Отсюда вопрос конвоирования заключенных в тюрьме имеет большое значение. Во всех случаях вывода заключенного из камеры должна быть предупреждена:

а) возможность встречи с заключенными какой-либо другой камеры;

б) возможность увидеть кого-либо из своих однодельцев, содержащихся в тюрьме;

в) возможность установления связи с волей;

г) возможность получения политической информации (увидеть и прочитать газету, услышать радиопередачу и т. п.);

д) возможность пронесения в камеру запрещенных для хранения в камере предметов (особенно режущих или колющих), могущих служить орудием нападения или самоубийства.

Для обеспечения этого, конвоирование заключенных производится по определенной системе: во-первых, не допускается одновременный вывод заключенных разных камер, во-вторых, движение совершается в строго установленном порядке и по определенным маршрутам. По маршруту движения устанавливаются кабины для изоляции одиночно конвоируемых заключенных. Во избежание встречи, устраиваются «глазки» во всех дверях, соединяющих коридоры и лестничные площадки.

ГЛАВА ВТОРАЯ. ПРИЕМ АРЕСТОВАННЫХ И ЗАКЛЮЧЕННЫХ

Надзиратель-конвоир, сопровождая заключенных (одиночным порядком или группой), находится позади заключенных по направлению движения и идет на два шага позади заключенного, замыкающего группу. Делается это с той целью, чтобы надзиратель-конвоир, в известной мере, был в более выгодном положении на случай внезапного нападения на него заключенных. При повороте в другой коридор надзиратель останавливает заключенных за два шага до угла поворота, а сам продолжает движение вперед, пока не поравняется в заключенными, стоящими впереди, поворачивается кругом и, оставаясь лицом к заключенным, быстро отступает до середины поперечного коридора. Убедившись, что проход свободен, он пропускает конвоируемую группу заключенных мимо себя и следует за нею. При прохождении неохраняемой двери надзиратель останавливает заключенных за пять шагов до двери, сам идет вперед, смотрит в «глазок» двери и установив, что проход не занят, открывает дверь, пропускает мимо себя заключенных и продолжает движение позади них.

Таким же образом производится ввод заключенных на прогулочный двор.

По всему маршруту движения надзиратель-конвоир наблюдает, чтобы заключенные шли соблюдая тишину, не переходили из ряда в ряд, не курили, ничего не бросали на пол или на землю, не останавливались для оправки обуви, не открывали «глазков» и форточек камерных дверей, не писали бы на стенах коридоров и лестниц. Во время движения по маршруту заключенные должны держать руки назад. Особо опасные государственные преступники при одиночном конвоировании сопровождаются двумя надзирателями. В этом случае надзиратели идут рядом и держат заключенного за руки выше локтя.

В отношении же отдельных категорий заключенных, как, например, осужденных к высшей мере наказания или душевнобольных, установлено, что они конвоируются только одиночным порядком в сопровождении не менее 2—3 надзирателей-конвоиров. С другой стороны, заключенные, используемые в тюрьме на хозяйственных работах (в общих тюрьмах) внутри ограды тюрьмы и поставленные для работы на определенном участке, могут быть оставляемы вовсе без конвоя и даже самостоятельно совершать движение от кухни до тюремных корпусов при разноске пищи. Однако дозорный надзиратель не должен выпускать заключенного из поля зрения более чем на 10 минут. Заключенных из хозобслуги запрещается выводить на работы за ограду тюрьмы без конвоя или под слабым конвоем, что до последнего времени практиковалось в общих тюрьмах.

Вывод заключенных из камеры во всех случаях (кроме вывода на допрос к следователю) производится в строго определенное время, каждый раз с разрешения дежурного помощника начальника тюрьмы. Не допускается вывод из камеры после вечерней поверки (кроме вывода на допрос к следователю).

Прием арестованных и заключенных в тюрьму производится круглые сутки.

2. Режим содержания заключенных

Значение тюремного режима

Тюрьмы (за исключением тюрем, предназначенных для содержания осужденных) являются местом изоляции от общества разоблачаемых, но еще полностью не разоблаченных перед судом изменников родины, вредителей, расхитителей социалистической собственности и других врагов народа, а также грабителей, воров, хулиганов и иных преступников.

Заключение под стражу в тюрьму, как указывает соответствующая статья уголовно-процессуального кодекса, является мерой предупреждения уклонения подозреваемого от следствия и суда. Это означает, что тюрьма должна обеспечивать такое содержание, чтобы была исключена всякая возможность побега заключенного и тем самым предупреждено уклонение подозреваемого от следствия и суда. Это первая и главная задача тюрьмы.

Но побег не является единственным способом уклонения от следствия и суда. Известно, что матерые враги народа, шпионы и диверсанты, поставленные перед фактом своего полного разоблачения, прибегают к такому средству как самоубийство. Наконец, опасаясь от разоблачения, арестованный и заключенный в тюрьму преступник ведет борьбу со следствием, стремится укрыть сообщников, направить следствие по ложному пути и, если он не изолирован от

ГЛАВА ВТОРАЯ. ПРИЕМ АРЕСТОВАННЫХ И ЗАКЛЮЧЕННЫХ

своих однодельцев и соучастников преступления, если он не изолирован от внешнего мира и заключенных других камер, он может косвенно или частично уклониться от следствия и суда, а иногда и прямо завести следствие в тупик. Значит, для того, чтобы тюрьма могла выполнить поставленные перед ней задачи, нужны не только меры, предупреждающие побег заключенных, но и соответствующий правильно организованный тюремный режим.

И тюрьмах ГУГБ НКВД для содержания осужденных значение тюремного режима несколько иное. Тут, например, отпадает вопрос о возможном уклонении заключенного от следствия и суда, поскольку в этих тюрьмах содержатся осужденные. Вместе с тем вопрос изоляции заключенных имеет здесь нисколько не меньшее значение, чем в тюрьмах для подследственных. Известны факты, когда оголтелые враги Советской власти - троцкисты, бухаринцы, зиновьевцы, меньшевики, эсеры и другие враги народа; террористы, шпионы и диверсанты, будучи осуждены и заключены в тюрьму, продолжали вести свою преступную работу в самой тюрьме и устанавливали связи с преступными элементами, еще неразоблаченными врагами народа, находившимися на воле. В особенно резком противоречии с интересами охраны государственной безопасности был в свое время режим в «тюрьмах особого назначения» или, как их некоторое время называли, политизоляторах. Организуя эти «политизоляторы», враги народа, пробравшиеся к руководству Наркомата внутренних дел, по существу были озабочены созданием максимально благоприятных условий для отдыха наиболее озлобленных и активных врагов Советской власти. Эти, с позволенья сказать, «тюрьмы» не только не изолировали врагов народа от внешнего мира и друг от друга, но, наоборот, способствовали их сплочению и даже обеспечивали возможность конспиративного руководства единомышленниками на свободе, в лагерях и ссылке.

Задачей тюрьмы является пресечение всякой возможности ведения антисоветской работы заключенными во время нахождения их в тюрьме. Выполнение этой задачи возможно только при правильно организованном тюремном режиме. В этом его значение в тюрьмах для осужденных.

Попутно нужно отметить, что преступная деятельность в тюрьме, при отсутствии надлежащего режима, может иметь место не только со стороны заключенных, обвиняющихся в преступлениях контрреволюционного характера, но также и со стороны других категорий заключённых. Проявляется она в так называемом камерном бандитизме, убийстве и ограблении сокамерников и т. п.

Поэтому как в тех, так и в других тюрьмах правильно поставленный и неуклонно проводимый в жизнь тюремный режим способствует бдительности надзора, исключает возможность побега заключенных из тюрьмы и содействует быстрому и успешному ведению следствия.

Вопросы изоляции

Изоляция является основным и главным элементом тюремного режима. Основное отличие тюрьмы от всякого другого места лишения свободы состоит в том, что в тюрьме заключенный строго изолируется от внешнего мира и от заключенных других камер.

Выше уже было отмечено, какое значение имеет изоляция в системе тюремного режима, для чего она нужна и почему следственный орган в целом и каждый отдельный следователь прямо заинтересованы в строгом ее проведении. Однако, приведенные примеры далеко не исчерпывают значения изоляции и масштабов ее применения в тюрьме.

Под изоляцией заключенного следует понимать всю сумму мероприятий, исключающих возможность.

1) передачи заключенными за пределы тюремной ограды (на «волю») каких-либо условных сведений о себе в письменной форме или пересылкой каких-либо условных предметов, например: определенного количества волос из головы, кусочка ткани от одежды или белья, ниток из носков или трикотажного белья, спичек и т. п.;

2) передачи аналогичных сведений в пределах тюремной ограды, но за пределы данного тюремного корпуса, коридора или этажа в другие камеры или в другое место лишения свободы;

3) получения нужной для борьбы со следственными органами информации от сообщников с воли, из другого тюремного корпуса той же тюрьмы, из другого коридора того же корпуса, из другой камеры или из другого места лишения свободы;

4) связи заключенных разных камер между собой путем акустической (звуковой) передачи, путем всевозможного использования

ГЛАВА ВТОРАЯ. ПРИЕМ АРЕСТОВАННЫХ И ЗАКЛЮЧЕННЫХ

тюремного помещения общего пользования (уборная, прогулочный двор, баня, парикмахерская, амбулатория, карцер, коридор, лестница, тюремная машина), а также путем встречи заключенных разных камер или использования предметов общего пользования (половая щетка, веник, тряпка);

5) получения газетной, журнальной и радио информации;

6) использования для междукамерной связи книг тюремной библиотеки, шашек, шахмат и домино;

7) использования передач для получения информации и запрещенных предметов с воли;

8) проноса в камеру и изготовления в камере режущих, колющих и других орудий и средств самоубийства и нападения;

9) овладения орудиями и средствами самоубийства и нападения во время нахождения вне камеры: на прогулочном дворе, в амбулатории, в кабинете следователя.

Для предупреждения всех этих нарушений изоляций правилами тюремного распорядка и положением о тюрьмах, предусматривается различного рода ограничения и запрещения. Так, например: заключенным запрещена переписка, чтение газет и журналов, получение продуктовых и вещевых передач (без особого разрешения следователя) и т. д. Но изоляция не может быть обеспечена механически, только самим фактом нахождения заключенного в камере и установлением правил внутреннего распорядка.

Каменные стены, прочно и надежно запирающаяся дверь и прочная железная решетка с наружной стороны окна гарантируют от возможности побега преступника, предотвращают непосредственное общение с заключенными смежной камеры. Но они не могут обеспечить изоляции в случае применения такого довольно употребительного способа междукамерной связи, каким является перестукивание.

Правильно установленный оконный изолирующий щит или окно с матовыми стеклами исключают возможность зрительной связи заключенных с «волей», затрудняют ориентировку заключенных в прилегающей к тюремному корпусу местности. Но наличие щита или матовых стекол не исключает возможности использования окна для связи с волей и в особенности между камерами разных этажей. Если в распоряжении заключенного окажется в камере средство для изготовления письменного сообщения и нитка, связь с камерой нижнего этажа может быть установлена заключенным через форточку или фрамугу окна. Когда письменное сообщение предназначено для внешнего мира или для заключенных, находящихся на прогулочном дворе, заключенный заменяет нитку рогаткой, для изготовления которой достаточно иметь несколько сантиметров резины из подвязки, еще лучше самую подвязку (в женских камерах), резиновую подметку и самое примитивное режущее орудие.

Эти примеры показывают, насколько вопрос изоляции непосредственно связан с собственно «внутренним распорядком», т. е. вопросом о том, что можно и чего нельзя иметь заключенному, что можно и чего нельзя допускать в камере. Они также указывают на важность и необходимость неослабного наблюдения за заключенными со стороны тюремного надзора даже тогда, когда заключенные находятся в камере.

Строгую изоляцию заключенного необходимо соблюдать и при выводе его на допрос и во время нахождения его в кабинете следователя. В данном случае изоляция преследует цель:

а) предупреждения попытки побега заключенного;

б) предупреждения попытки нападения заключенного на следователя, свидетеля или соучастника, изобличающего заключенного на очной ставке;

в) предупреждения возможности увидеть или услышать других заключенных или другим заключенным услышать или увидеть допрашиваемого;

г) предупреждения возможности получения допрашиваемым газетной, или радио или иной политической информации (например, речь оратора на собрании, происходящем в смежной или в одной из ближайших комнат при открытых форточках и дверях);

д) предупреждения покушения допрашиваемого на самоубийство.

В целях соблюдения этих требований, помещение следственного органа должно быть соответственно приспособлено: лестницы должны иметь прочные сетки, перекрывающие пролеты; окна, мимо которых производится конвоирование заключенных, должны быть закрытыми и иметь металлические перекладины; стекла окон, выходящих на двор, где расположены прогулочные, дворы внутренней тюрьмы, должны быть матовыми.

Комната ведущего следствие должна быть достаточно изолированной, чтобы допрашиваемые не могли слышать друг друга или задаваемые другому допрашиваемому вопросы. Стол следователя должен в отношении окон стоять так, чтобы допрашивающий находился между окнами и заключенным. На столе не должно быть массивных письменных приборов, тяжелых чернильниц, пепельниц и т. п. тяжелых предметов, режущих и колющих предметов (ножей, ножниц, лезвий, бритв, шильев, иголок, булавок и скрепок для бумаг), газет и других открыто лежащих материалов, ознакомление с которыми может помешать нормальному ходу следствия по данному делу или по делам других заключенных. В комнате должна иметься небьющаяся посуда для воды. Графин с водой должен находиться вне досягаемости заключенного.

Перед тем, как вызвать заключенного на допрос, следователь должен осмотреть свою комнату, чтобы все указанные выше требования были соблюдены.

Всюду, где внутреннее расположение здания позволяет, должны быть установлены разные маршруты для конвоирования заключенных из тюрьмы и обратно в тюрьму.

Надзиратель-конвоир или оперативный работник отдела прежде чем вводить заключенного в комнату следователя должен проверить номер комнаты, постучать в дверь и, получив разрешение, приоткрыть ее с таким расчетом, чтобы конвоируемый заключенный не мог в нее заглянуть. Только получив разрешение на ввод заключенного, конвоирующий предлагает сначала войти заключенному, и затем входит сам.

Допрашивающий ни по какому поводу не должен ни на минуту оставлять заключенного в комнате без наблюдения. В случае, когда допрашивающему необходимо на короткое время выйти из комнаты, наблюдение за заключенным должен взять на себя другой работник (если затруднителен вызов надзирателя).

Допрашивающий должен обращать особое внимание на то, чтобы допрашиваемый заключенный не подклеил к креслу, стулу или столу следователя хлебный или мыльный шарик с перепиской, предназначенной для другого заключенного, которого будет допрашивать следователь. Поэтому после каждого допроса следователь должен тщательно осмотреть мебель.

Если акустические особенности помещения не позволяют вести нормальный допрос двух заключенных (в особенности однодельцев) в смежных комнатах, допрос должен производиться в более отдаленных одна от другой комнатах.

Вывод допрашиваемого заключенного в уборную (внутри здания НКВД) может производиться только под конвоем. Конвоирующий обязан оставить дверь в кабину уборной (поскольку она не имеет «глазка» и обычно запирается изнутри) открытой и не выпускать заключенного из поля зрения, наблюдая, в частности, за тем, чтобы заключенный не читал отрывки газет и не спрятал в одежде клочок газеты или другой бумаги.

Давая заключенному перо для подписи показаний, следователь должен быть поблизости от него и пристально следить за его движениями. В практике зарегистрирован случай, когда изобличенный шпион, в целях замедления дальнейшего хода следствия и предоставления своим сообщникам возможности скрыться от следствия, нанес себе удар пером в сонную артерию.

В момент допроса следователь должен держать оружие запертым в ящике стола или в шкафу. Имея же его в кобуре на ремне, следователь должен быть особенно бдительным. Известны случаи, когда заключенные, вызванные на допрос, воспользовавшись беспечностью следователя, нападали на него, завладевали револьвером и кончали жизнь самоубийством.

Ухищрения заключенных

Ухищрения заключенных врагов народа, шпионов и всех других преступников, направленные к организации связи между камерами и волей, очень разнообразны. Преступники не ограничиваются одним перестукиванием. Известны и более тонкие приемы, применяемые заключенными.

Выше указывалась на то, что заключенные спускают и поднимают на нитке переписку между камерами разных этажей. Это, конечно, очень простой способ, рассчитанный на недостаточную бдительность надзора.

ГЛАВА ВТОРАЯ. ПРИЕМ АРЕСТОВАННЫХ И ЗАКЛЮЧЕННЫХ

Записку, как ее не маскируй, все-таки легче заметить, чем нитку без записки. Кроме этого, перехваченную записку прочтет тюремная администрация, а если она даже и шифрованная, ее можно расшифровать. А нитку заметить трудно, в особенности, если ее цвет совпадает с цветом тюремных стен. Ниток же в камере бывает всегда сколько угодно в виде трикотажных носков (а иногда и белья) любого цвета. Заключенные используют нитку как телеграфную ленту. Они пишут на ней точки и тире или узлами, причем двойной или тройной узел означает тире, а одинарный — точку, или чернилами, чернильным карандашом, кровью небольшого пореза и другими красящими веществами. Иногда, помимо азбуки Морзе, заключенные «пишут» на нитке тюремной азбукой для перестукивания, причем, количество узлов или окрашенных точек будет соответствовать цифрам тюремной азбуки.

Для -передачи сообщения из нижнего этажа в верхний этим способом заключенные привязывают к нитке, опущенной из форточки верхнего этажа, конец заготовленной заранее («написанной») нитки неограниченной длины (смотанной в клубок). Заключенный верхней камеры наматывает нитку на клубок и получает таким образом «почту».

Если в распоряжении заключенного окажется резина, он сможет изготовить из нее рогатку для установления связи с соседними камерами.

Четырех-пяти метровое расстояние между окнами очень легко прострeливается затвердевшим хлебным шариком, прикрепленным к концу нитки, другой конец которой привязан к пальцу «стрелка». Снаружи обнаружить нитку почти невозможно, если к ней не привязана записка. Только бдительность постовых надзирателей у камер может пресечь этот способ междукамерной связи.

В качестве способов установления «нитяного» сообщения между несмежными камерами следует отметить возможность привязывания конца длинной нитки к ноге голубя или другой птицы. Так как длинная нитка несомненно будет мешать птице в полете, а предельный радиус ее полета определяет длина нитки, птица вынуждена будет сесть на один из оконных щитов той же стены.

Уборная в тюрьме является давно известным средством междукамерной связи. Здесь значительно более широкий простор ухищрениям заключенных, чем в камере. Далеко не каждый надзиратель, обыскивая уборную после оправки очередной камеры, догадается отвернуть на 2—3 оборота все краны умывальника и дернуть все рукоятки бачков канализации. А между тем совершенно недостаточно проверить отверстие крана торцом камерного ключа или деревянной палочкой. Только сильный напор воды может выбить глубоко задвинутый хлебный шарик с перепиской. Недостаточно только заглянуть в бачок, даже с электрической лампой, и тщательно осмотреть унитаз. Переписка может быть заложена через бачок прямо в трубу, соединяющую бачок с унитазом, или в конец трубы, соединяющий ее с унитазом, и когда напор воды выкинет ее в унитаз, заключенный получит ее.

Иногда надзиратель «тщательно» осматривает раковину умывальника и ничего не находит. Между тем, заключенные прибегают и к таким ухищрениям: толстую (сплетенную) нитку сантиметров 10 длиною с петлей на конце просовывают в одну из мелких дыр спускного отверстия на дне раковины и зацепляют зазубринку конца опущенной туда деревянной палочки (прут из веника), вокруг которой обмотана бумажка с запиской. Поэтому для тщательной и быстрой проверки таких отверстий надзирателю надо иметь длинный проволочный крючок.

Описанные выше способы связи с неменьшим успехом могут применяться и через баню.

Стул в парикмахерской, на котором, производится стрижка заключенных, нередко выпадает из числа объектов, требующих особенно тщательного осмотра. Между тем ничего нет легче, как сидя на этом стуле, подклеить под сиденье хлебный шарик с перепиской.

Заключенные прибегают иногда к следующему способу для установления факта ареста ближайших родственников (жены, мужа, брата, сестры и т. д.): подают заявления с просьбой перевести часть собственных денег на счет заключенного родственника. Заявление редактируется в такой форме, как будто заявителю хорошо известен факт ареста родственника. .Вместо того, чтобы оставить такое заявление просто без ответа и направить его следователю для сведения, начальник тюрьмы объявляет заключенному, что по тюремным правилам перечисление денег со счета одного заключенного на счет

ГЛАВА ВТОРАЯ. ПРИЕМ АРЕСТОВАННЫХ И ЗАКЛЮЧЕННЫХ

другого заключенного воспрещается; в другом случае он объявляет, что в числе заключенных тюрьмы такой-то не значится.

Объектом такой уловки со стороны заключенного может явиться не только руководство тюрьмы, но и следователь (во время допроса).

Для того, чтобы сообщить бывшим сокамерникам о том, какой вынесен приговор, осужденные, переведенные в пересыльную камеру, иногда обращаются к тюремному надзору с заявлением о, якобы, забытых ими в камере, где они до этого содержались, собственных вещах. Тюремный работник поступит неправильно, если он станет наводить через соответствующего старшего по корпусу справку о забытых вещах, так как среди заключенных камеры, может существовать договоренность, что «забытое» мыло означает пять лет тюрьмы, «забытый» сахар — восемь лет тюрьмы, «махорка» — три года лагеря и т. д.

Для установления связи с волей, заключенные часто прибегают к помощи заключенных и осужденных, содержащихся в подсудных и пересыльных камерах. Пребывание в суде и, в особенности, этапирование в исправтрудлагеря значительно облегчает возможность пересылки письменных сообщений заинтересованным лицам по поручению подследственных заключенных. В результате адресат получает сообщение из тюрьмы в виде обыкновенного письма по почте. В практике был случай, когда такое письмо оказалось в распоряжении ГУГБ.

Имелись случаи использования сахара для пересылки нелегальных записок: кусок сахара раскалывался ровно пополам, в надколотой стороне куска выдалбливалась ямка, куда вкладывалась написанная на папиросной бумаге записка, склеенный затем кусок сахара подбрасывался в коридоре или прогулочном дворе.

Заключенными одной из тюрем был применен еще боле тонкий, так сказать «дуровский», способ междукамерной •связи. Заключенные приучили мышь к хвосту мыши привязывались записки, и таким путем осуществлялась связь между камерами.

В практике работы установлено, что для нелегальной переписки заключенными применяется: кровь, моча, соль, сахар, молоко, ржавчина, никотин, а в качестве пера применяется заостренная спичка, рыбья кость, нелегально пронесенная иголка и др. предметы.

Чтобы добиться перевода в другую камеру (чаще всего в целях расширения тюремных связей), заключенный нередко прибегает к симуляции болезни, поддерживаемый всеми сокамерниками, обычно также заинтересованными в расширении тюремных связей. Если условия содержания в данной камере не хуже, чем в других и не могут служить мотивом к переводу «больного» в другую камеру, заключенные начинают «выживать» кандидата на «переселение» с его согласия. На него пишутся коллективные заявления о неуживчивости, драчливости, неряшливости и т. д. и т. п., инсценируются скандалы; объект этой мнимой травли в свою очередь настойчиво домогается изъятия его из этой камеры, и администрация тюрьмы (иногда под давлением органа, ведущего следствие) уступает и переводит «неуживчивого» заключенного в другую камеру.

В практике имели место и такие факты. Чтобы попасть в другую камеру, заключенный бомбардировал тюремную администрацию и органы следствия заявлениями о том, что в камере его окружают враги народа, что он «изнемогает» в борьбе с ними, защищая Советскую власть, а поэтому просит перевести его в другую камеру, хотя бы в одиночную. При этом заключенный прекрасно понимал, что у него больше шансов попасть в общую камеру, чем в одиночную. Не исключено, что в отдельных случаях заключенный действительно стремился попасть из общей камеры в одиночную, если сокамерники мешают ему наладить хорошо законспирированную нелегальную связь.

Отдельные, особо опасные преступники, проявляют не меньшую ухищренность в выискивании способов самоубийства.

В одиночной камере внутренней тюрьмы НКВД УССР во время утреннего подъема был обнаружен в кровати мертвым заключенный «С» (перебежчик из Германии). При осмотре было установлено, что «С» заложил носовые отверстия хлебом и глубоко воткнул в горло свернутый носовой платок и таким путем задохся.

На первый взгляд кажется невозможным предупредить подобный способ самоубийства, так как нельзя лишить заключенного носового платка. Однако, при соответствующей предусмотрительности в организации тюремного режима, можно предупредить и этот способ самоубийства. При выяснении обстоятельств самоубийства «С» было установлено, что самоубийство не было замечено и не предупреждено надзирателем потому, что «С» лег спать, укрывшись одеялом с головой. Надзиратель мог бы предупредить попытку самоубийства, если бы «С» не укрылся одеялом с головой. Следовательно, в тюремном режиме играет положительную роль и такой элемент внутреннего распорядка, как запрещение заключенному укрываться одеялом с головой.

Второй факт: в общей тюрьме № 2 НКВД Чувашской АССР заключенный «Л», обвиняемый по ст. 58 УК, облившись керосином из находившейся в камере керосиновой лампы, поджег себя. От полученных ожогов заключенный умер. Этот случай показывает, что, если в тюрьме нет электричества, в камеру нельзя давать керосиновую лампу или фонарь, необходимо заменить их свечой на плоском деревянном подсвечнике.

Правила внутреннего распорядка

Положение о тюрьмах НКВД для содержания подследственных заключенных ставит перед тюрьмами следующие задачи:

а) полная изоляция подследственных заключенных от внешнего мира и заключенных других камер;

б) строгое соблюдение установленного тюремного режима,

В соответствии с этими требованиями тем же Положением установлены и основные правила внутреннего распорядка. Они распадаются на три статьи; в первой указывается обязанности заключенных, во второй — что разрешается заключенным и в третьей — что им запрещается.

Приводим эти правила полностью.

Заключенные обязаны:

а) выполнять все требования лиц тюремного надзора;

б) быть вежливыми с лицами тюремного надзора;

в) вставать при входе в камеру лиц начальствующего состава и тюремного надзора;

г) ложиться спать и вставать в установленное время;

д) производить уборку и поддерживать чистоту в камере, мыть посуду, мыть или натирать в установленные дни пол в камере;

е) мыться в бане или под душем три раза в месяц.

Заключенным разрешается:

а) получать денежные передачи (или денежные переводы по почте) в размере 75 рублей в месяц, которые поступают в кассу тюрьмы на счет заключенного;

б) покупать в тюремном ларьке в установленные дни продукты питания, папиросы и предметы широкого потреблении, по нормам и ассортименту, утвержденным Главным тюремным управлением НКВД СССР, на сумму не свыше 75 рублей в месяц;

в) пользоваться книгами из тюремной библиотеки;

г) играть в шахматы и шашки;

д) пользоваться ежедневно прогулкой в прогулочном дворе тюрьмы продолжительностью от 20 мин. до 1 часа;

е) получать свидания с защитниками в специально выделенной для этой цели камере административного корпуса тюрьмы;

ж) составлять доверенности и пересылать их адресатам через администрацию тюрьмы, если на то последует разрешение следственного органа, за которым числится заключенный.

Заключенным запрещается:

а) получать и посылать письма;

б) иметь свидания с родственниками, кроме случаев, когда на то последует письменное разрешение органа, ведущего следствие и за которым числится заключенный;

в) получать вещевые и продуктовые передачи и посылки, кроме случаев, когда на то последует письменное разрешение органа, ведущего следствие и за которым числится заключенный;

г) получать и читать газеты;

д) хранить в камере какие-либо предметы, кроме собственной одежды, обуви, белья и постельных принадлежностей по табелю, расчески, зубной щетки, мыла, зубного порошка, книг из тюремной библиотеки и инвентарных вещей, выданных тюрьмой;

е) переписываться и перестукиваться с заключенными других камер;

ж) нарушать тишину в тюрьме;

з) загрязнять и портить стены, пол и инвентарь камеры и места общего пользования, делать какие-либо пометки на книгах;

и) высовываться из форточки, взбираться на подоконники, становиться на койки, стол, табурет, подходить вплотную к «глазку» камерной двери, завешивать «глазок»;

ГЛАВА ВТОРАЯ. ПРИЕМ АРЕСТОВАННЫХ И ЗАКЛЮЧЕННЫХ

к) нарушать порядок прогулки;

л) играть в карты и какие-либо другие азартные игры;

м) производить выборы старост, лавочных комиссий и тому подобное.

Осужденным заключенным, в том числе и кассационным, не состоящим под следствием по другому делу, свидания с родственниками и получение вещевых и продуктовых передач и посылок разрешается начальником тюрьмы.

Каждый из пунктов этих правил вытекает из основного требования — обеспечения полной изоляции заключенных. (К Положению преподана инструкция по применению отдельных статей Положения, которая уточняет и дополняет правила).

Прогулка

Заключенные выводятся на прогулку покамерно в специально устроенные прогулочные дворы под наблюдением надзора.

Прогулочный двор может быть при известных условиях легко использован заключенными для установления междукамерной связи. Поэтому поверхность прогулочного двора должна быть всегда совершенно ровной и чистой, чтобы любой, самый мелкий предмет, умышленно оброненный заключенным, мог быть замечен надзирателем.

После окончания прогулки заключенных одной камеры и перед вводом на двор заключенных другой камеры, прогулочные дворы тщательно осматриваются в целях обнаружения подброшенных записок, каких-либо предметов и т. п.

Для обеспечения порядка на прогулочном дворе, заключенные обязаны совершать прогулку только шагом, по кругу, двигаться в один или два ряда в затылок друг другу, с соблюдением интервала в полметра. Во время прогулки заключенным запрещается курить и заниматься гимнастикой, от них требуется соблюдение тишины и установленного порядка. Больные или почему-либо не могущие совершать движение нормальным шагом, выделяются в отдельную группу и двигаются внутри круга или сидят на скамьях.

В случае нарушения порядка на прогулке кем-либо из заключенных, заключенные всей камеры удаляются с прогулочного двора. В этих случаях от надзирателя-конвоира, наблюдающего за прогулкой, требуется безупречная выдержанность и осмотрительность. Нарушение порядка одним заключенным может преследовать цель отвлечения внимания надзирателя от другого заключенного, намеревающегося подбросить или подобрать записку, или, учинив шум, дать возможность заключенным, находящимся на соседнем прогулочном дворе, узнать по голосу сообщников и т. п. Поэтому правилами установлено, что надзиратель-конвоир, не входя ни в какие пререкания с заключенными, нарушившими порядок на прогулке, при неподчинении хотя бы одного заключенного, прекращает прогулку и возвращает всех заключенным с прогулочного двора в камеру. Однако, в каждом случае руководство тюрьмы обязано проверить правильность действия надзирателя.

Продолжительность прогулки определяется в зависимости от местных условий, загрузки тюрьмы и наличия прогулочных дворов при том, однако, условии, чтобы продолжительность прогулки была не менее 20 минут. Заключенные-матери, кормящие грудью детей, выводятся на прогулку обязательно на открытые солнечные прогулочные дворы вместе с детьми два раза в сутки, утром и вечером, при продолжительности каждой прогулки не менее 30 минут. Этот же порядок применяется в отношении заключенных-женщин, имеющих 8—9 месяцев беременности.

Продолжительность прогулки несовершеннолетних правонарушителей установлена в один час, причем, несовершеннолетним правонарушителям в возрасте до 16 лет разрешается на прогулке играть в обычные детские игры и бегать по прогулочному двору.

Тюремная библиотека

Система абсолютной изоляции, проводимая в тюрьмах НКВД, требует особенно осмотрительного подхода к снабжению заключенных литературой для чтения. Выше отмечалось, что в сумму мероприятий по изоляции заключенных входит предупреждение получения заключенными газетной и журнальной информации. Тем более недопустима выдача заключенным газет и свежих журналов из тюремной библиотеки, так как газеты и журналы могут явиться источником информации заключенных, что может облегчить им борьбу со следствием.

ГЛАВА ВТОРАЯ. ПРИЕМ АРЕСТОВАННЫХ И ЗАКЛЮЧЕННЫХ

Поэтому заключенным выдаются книги лишь из тюремной библиотеки.

Однако нужно сказать, что книги являются наиболее доступным средством междукамерной связи, если не организовать образцового учета движения книг и не обеспечить особенно тщательного просмотра каждой возвращенной книги.

Учет движения книг должен быть организован так, чтобы в любой момент, не выходя из библиотеки, можно было бы установить, не только то, в какой камере находится та или иная книга в данный момент (или какие книги находятся в данной камере), но и в каких камерах и в какие дни находилась данная книга за все время с момента ее поступления в тюремную библиотеку (или с момента введения учета).

Важность самого тщательного просмотра возвращенной книги диктуется широким использованием книг как средства междукамерной связи. Практика показывает многочисленные способы использования книг как средства междукамерной связи. Ногтем подчеркиваются отдельные буквы, слова или целые группы слов на разных страницах, в порядке последовательности их нумерации. В результате такой «операции» каждый из заключенных, который в дальнейшем будет иметь в своих руках эту книгу, сможет, читая последовательно все подчеркнутые слова, прочесть, например, такую информацию:

«Внимание... в помещении... номер... 35... сидит.. инженер... путеец... Хвостов., из... Омска.:, взят... второго... августа... читайте с конца...»

Начиная просматривать книгу с последней страницы в обратном порядке, неискушенный в ухищрениях врагов народа тюремный работник может ничего не понять, так как из подчеркиваний получается набор бессмысленных фраз. Между тем, несколько десятков последних страниц имели, оказывается, по одной, мало заметной дырочке на каждой странице, как бы от прокола тонкой иглой. На каждой из 25 страниц была проколота только одна буква. Составленные из проколотых букв слова (в порядке уменьшения страниц) образовали фразу: «только четные строки сверху». Это значит, что, читая в обратном порядке подчеркнутые или проколотые буквы, слова и фразы, нужно все нечетные строчки (3, 5, 7 и т. д., считая от верхней строчки) пропускать. Этим путем заключенный передал сообщение: «Сальников и Кочергин — предатели, следователь ими козыряет. Держусь твердо. Жду ответа, кто где сидит, есть ли связь с волей Капитал 1. Нечетные».

Такую «операцию» заключенный Хвостов проделывал с несколькими самыми ходовыми по содержанию книгами. Ответ он просил через первый том «Капитала» К. Маркса, зная, что эта книга имеется в тюремной библиотеке. При этом он заранее указывал, как зашифровать накол или подчеркивание, комбинируя четные и нечетные строки. При недостаточной бдительности работников библиотеки, враг имеет много шансов осуществлять связь при помощи книг.

Вот еще один случай использования книги для связи.

Перед нами первый том сочинений М. Горького. В книге 300 страниц. На протяжении всей книги мы находим только две отметки на 5-й странице (первая страница биографии): на 14-й строке зачеркнуты ногтем цифры 25, и несколькими строками ниже подчеркнуты слова «исключительное значение». Никаких других подчеркиваний, наколов и т. д. в тексте не оказалось. Просматривавший книгу библиотекарь заметил пометки на 5-й странице, искал продолжение пометок на других страницах, но их не обнаружил. Он решил, что эти пометки совершенно невинного характера, тем более что они вполне осмыслены. Читавший заключенный обратил внимание на то, что Горький написал 25 томов, затем читавший отметил, что согласен с Луначарским (автором предисловия), указавшим, что значение Горького как писателя исключительное. Между тем, после более тщательного исследования книги, было установлено, что 25-я страница отсутствует. Она оказалась склеенной со страницей 24. А вдоль всего корешка 25 страницы оказалась надпись, сделанная обгорелой спичкой: «Поликарпов П. С. 47 камера с 13 августа, имел очную негодяем Григорьевым. Ничего не добились».

Прочитав это сообщение, враг приписал: «У меня тоже Шур 63 к», и опять склеил листы.

Очень часто библиотекарь не считает нужным заглянуть на свет в щель, имеющуюся у большинства книг вдоль корешка переплета. Заключенные это учитывают и засовывают в щель переписку. Разумеется, заключенные никогда не забывают тщательно исследовать этот «почтовый ящик» и при помощи черенка ложки или зубной щетки извлечь переписку.

Заключенные прибегают иногда к нелегальной переписке, нанося ее водой между строчками печатного текста. Вместо пера употребляется заостренная спичка. При беглом просмотре книги эта тайнопись совершенно незаметна, но при внимательном чтении водяные знаки между строк привлекают внимание, и могут быть прочитаны. Иногда для тайнописи в тексте книги заключенные употребляют вместо чернил мочу или соляной раствор (или молоко, если в камере имеется больной заключенный, получающий молоко). Эта тайнопись может быть проявлена при помощи нагревания страницы над спичкой, после чего заключенный вырывает лист с тайнописью и уничтожает его, т. к. после проявления на нем выступают коричневые (от молока и соли) или желтые (от мочи) буквы.

Если принять во внимание, что возможны самые разнообразные комбинации использования книг для нелегальной междукамерной переписки, станет совершенно ясным, какую исключительную бдительность должны проявлять тюремные библиотекари и оперативные работники тюрем, просматривающие возвращенные заключенными книги.

Весьма целесообразно иметь в тюремной библиотеке специальный фонд наиболее тщательно проверенных книг для выдачи особо опасным преступникам. В отношении этого фонда должно применяться правило, что возвращенная по прочтении книга, независимо от самого тщательного ее просмотра, не выдается другому заключенному ранее чем через полгода.

Книжный фонд тюремной библиотеки должен быть достаточным для того, чтобы библиотекари имел возможность изымать из обращения любую подозрительную по отдельным признакам книгу и отделять ее в категорию книг, требующих специального исследования (с лупой, кварцевой лампой и т. д.).

Совершенно необходимо соблюдение тюремной библиотекой таких профилактических мер предосторожности, как прием от заключенных заявок на книги не на конкретные наименования, а только на определенные темы или только определенных авторов, при заявках на конкретные наименования выдавать сначала, примерно подходящие по содержанию книги и только спустя некоторое время, выдавать книги по заявке.

Книги, находившиеся в данной общей камере, вторично в эту же камеру не следует выдавать ранее чем в ней полностью изменится состав заключенных. При повторной заявке заключенного на ранее прочитанную им книгу, заявку следует удовлетворять лишь через 3 месяца после того, как данная книга была им возвращена.

Учитывая возможности использования книг для внутрикамерной связи, Положение о тюрьмах устанавливает такой порядок пользования книгами из тюремной библиотеки, при котором движение каждой книги строго учитывается; на каждую книгу, имеющую те или иные дефекты, составляется «паспорт» заключенным категорически запрещается делать какие-либо пометки на книгах; книги, прочитанные заключенными одной камеры, тщательно просматриваются перед выдачей их в другую камеру; ни одна из книг, возвращенных из той или иной камеры, не выдается в ту же камеру ранее трехмесячного срока, если состав заключенных в ней не обновился полностью.

В тюремных библиотеках могут быть книги всех отделов библиотеки общего пользования, за исключением книг по химии и медицине. Не допускаются в тюремные библиотеки книги, в которых описываются: побеги из тюрем, тюремный режим и быт, описание азбуки «Морзе», обучение перестукиванию в камерах и т. п. Для заключенных, принадлежащих к национальностям, входящим в состав СССР и не владеющих русским языком, в зависимости от местных условий, закупаются книги на языках народов СССР. В тюрьмах, расположенных на территории национальных республик, областей и округов, книги на местном языке должны постоянно иметься в тюремной библиотеке.

Чтение газет подследственным заключенным может быть разрешено в исключительных случаях по особому письменному указанию следственного органа, за которым числится заключенный. Причем, это указание выполняется только тогда, когда заключенный содержится в камере один или все содержащиеся с ним заключенные числятся за тем же следователем.

В тюрьмах ГУГБ НКВД для осужденных вопрос о пресечении всяких возможностей нелегальной междукамерной связи через книги играет то же самое значение, что и в тюрьмах для подследственных, причем, в данном случае требуется еще большая бдительность, так как состав заключенных в этих тюрьмах более постоянный.

Что касается газетной информации, то в тюрьмах для осужденных нет особых причин для изоляции заключенных от происходящих событий внутренней и международной жизни. Поэтому осужденным заключенным разрешается выписка и чтение газет.

Тюремный ларек

Тюремный ларек предназначается для продажи заключенным продуктов питания, папирос, спичек и отдельных предметов широкого потребления. Возможности установления заключенными нелегальных междукамерных связей и связей с волей посредством ларька весьма большие, если не будет обеспечен надлежащий контроль. Поэтому заведующими тюремным ларьком и их помощниками могут назначаться только лица надзорсостава, т. е. тюремные работники, знающие основные правила тюремного режима.

Свидания, переписка и передачи

Свидание заключенного с родственниками, переписка и передача являются самыми надежными путями организации нелегальной связи с волей. Для организации контроля, гарантирующего от использования свиданий, переписки и передач для нелегальной связи с волей и другими камерами, потребовалось бы большое количество квалифицированных сотрудников, которое (не говоря уже о финансовой стороне дела) тюрьма практически получить в свое распоряжение не может. Поэтому Положением о тюрьмах для подследственных заключенных переписка вовсе запрещается. Свидания, вещевые и продуктовые передачи также запрещены, кроме случаев, когда имеется на то письменное разрешение органа, ведущего следствие или органа, за которым числится заключенный.

Поскольку же свидания и передачи, хотя и в ограниченном размере, допускаются, необходимо коснуться тех ухищрений, к которым заключенные прибегают для использования их в нелегальных целях.

Допустим, что свидание происходит в самых благоприятных для контроля условиях: заключенный обыскан, отделен от пришедшего на свидание родственника двумя решетками, между которыми один метр расстояния, и между решетками находится надзиратель; других свиданий одновременно нет, и внимание контролирующего ничем не отвлекается. Между заключенным и родственником идет «семейный» разговор. В процессе этого разговора родственник, «между прочим» сообщает, что дедушка Кондратий от огорчения умер, а бабушка хворает и прислала письмо, что холодная погода целыми днями держит ее в постели. Через такой условный разговор заключенный может узнать, что речь идет об аресте его соучастника Кондратьева и о высылке его жены. В свою очередь заключенный может также подобным путем сообщить родственнику данные о ходе следствия по его делу.

Присутствующий при свидании работник тюремного надзора формально лишен возможности квалифицировать такой разговор, как сообщение запрещенных сведений. Но, допуская даже, что он проявит такую инициативу и прекратит свидание на том основании, что разговор ему кажется подозрительным, все же факт передачи сведений в ущерб интересам следствия будет иметь место.

Что касается передач вещей и продуктов, то они дают еще большие возможности для нелегальной связи, чем свидания. Техника тщательного обыска не гарантирует от того, что оставшиеся на свободе враги отравят передаваемыми продуктами соучастника, начавшего давать откровенные показания, или дадут возможность отравиться упорному врагу Советского государства, боящемуся, что следствие добьется от него показаний, разоблачающих соучастников. Даже батистовый носовой платок может быть использован для связи. Имели место случаи, когда намоченный в воде платок оказывался с надписью, сделанной чернильным карандашом вдоль всех четырех краев. Это значит, что прежде чем края платка были «подрублены», эта полоска была по всем четырем краям заполнена надписью чернильным карандашом. После того, как платок был подрублен, украшен ажурной строчкой и выглажен, он имел самый безвредный вид. Заключенные учитывают, что мокрый батист свободно пропитывается чернильным карандашом, и надпись читается

ГЛАВА ВТОРАЯ. ПРИЕМ АРЕСТОВАННЫХ И ЗАКЛЮЧЕННЫХ

совершенно свободно. После прочтения подрубленная часть платка отрывается по ажурной строчке и выбрасывается в парашу.

Еще труднее обнаружить нелегальную переписку, мелкие режущие предметы или яд в одежде или обуви, поскольку в распоряжении врагов народа имеется достаточно времени и средств для злоумышленной изобретательности. Для того, чтобы с исчерпывающей тщательностью обыскать предметы, одежду и обувь, их нужно привести в состояние полной негодности к употреблению. Но в таком случае передача вещей утрачивает смысл, и проще снабдить заключенного необходимыми ему вещами путем приобретения их тюрьмой за его счет или даже (при отсутствии у него средств) за счет государства. Еще в большей степени это относится к продуктам.

В одной из тюрем имел место такой факт: заключенному были переданы в продуктовой передаче яйца, наполненные водкой. Оказалось, что содержимое яйца через небольшое проколотое отверстие было выкачано, в скорлупу была налита водка, а отверстие искусно заделано.

Значительно проще обстоит с денежными передачами, вносимыми в кассу тюрьмы на счет заключенного. Денежные передачи разрешаются всем заключенным. Однако, и денежные передачи могут быть в отдельных случаях использованы для нелегальной связи. В практике одной из московских тюрем была вскрыта система использования денежных передач для получения информации от соучастников. Ожидавший ареста враг народа условился со своими родственниками о том, что если арестуют соучастника «А» то он получит денежную передачу в сумме 19 рублей; если арестуют «Б», то будет передано 22 рубля и т. д. После того, как это было вскрыто, администрацией тюрьмы был запрещен прием денежных передач некруглыми суммами. Но и эта мера не дает полной гарантии. Более целесообразен порядок, при котором ежемесячная норма денежной передачи передается единовременно всей суммой сразу или равными частями.

Осужденным заключенным в тюрьмах для подследственных разрешается продуктово-вещевая передача. Свидание с родственниками предоставляется обычно один раз перед этапированием из тюрьмы к месту отбытия срока наказания по разрешению начальника тюрьмы.

В тюрьмах ГУГБ НКВД для осужденных свидания с родственниками и получение продуктовых и вещевых передач запрещено вовсе.

Свидания с защитниками предоставляются заключенным, содержащимся в тюрьмах для подследственных, в специально отведенной комнате административного корпуса тюрьмы. Свидания происходят без присутствия тюремного надзора, но надзиратель наблюдает в «глазок» двери за поведением заключенного.

Защитник может знакомить заключенного с документами, имеющими отношение к делу.

Обыск

В системе мероприятий, обеспечивающих изоляцию заключенных, обыску принадлежит решающее место. Правильно и тщательно проведенный обыск является наиболее действенным средством для предупреждения нелегальной связи заключенных и проникновения в камеру орудий нападения и самоубийства.

Насколько это верно, видно из следующих примеров, имевших место в практической работе тюрем. При обыске арестованного террориста О, доставленного в одну из московских тюрем из Дмитровского лагеря, надзиратель, производивший обыск, извлек из заднего прохода обыскиваемого большой складной нож, имевший 10 см в длину и 5 см в окружности. Нож был снабжен тремя лезвиями, штопором и шилом. В той же тюрьме при обыске арестованной шпионки Б., доставленной из другой тюрьмы, были обнаружены в волосах десять кредитных билетов достоинством в три червонца, т. е. 300 рублей. Каждый кредитный билет был свернут в тонкую трубочку и перевязан ниткой.

Все десять трубочек были закреплены почти вплотную к корням густой шапки длинных волос.

В другой тюрьме у арестованного П. при обыске была извлечена из ушей папиросная бумага с нелегальной перепиской. Зубные коронки могут служить местом для сокрытия сильнодействующих ядовитых веществ.

Осмотр камер и обыски заключенных по камерам производятся периодически. Личные обыски могут быть тщательными, состоящими в том, что заключенному предлагается снять одежду и белье, и поверхностным, ограничивающимися осмотром заключенного в одежде. Личный обыск производится:

а) по прибытии заключенного в тюрьму;

б) по возвращении заключенного с допроса;

в) до и после свидания заключенного с родственником;

г) до и после свидания заключенного с защитником;

д) перед отправкой заключенного на допрос в следственный орган или в суд за пределы ограды тюрьмы и по возвращении оттуда;

е) перед отправкой заключенного в другую тюрьму, лагерь или колонию;

ж) перед освобождением заключенного из тюрьмы;

з) перед помещением заключенного в карцер.

Тщательный личный обыск заключенных обязательно производится в случаях, предусмотренных пунктом «а», пунктом «г» и в случаях, вызванных особыми обстоятельствами поведения заключенного. Во всех остальных случаях производится поверхностный обыск. Обыск производится в отдельном, хорошо освещенном помещении. При производстве тщательного личного обыска заключенному предлагается снять с себя все верхнее платье, обувь и белье. После телесного осмотра заключенного, производится обыск платья, белья, обуви. Карманы и рукава одежды выворачиваются наизнанку, брюки также выворачиваются наизнанку; вся одежда тщательно прощупывается. Особое внимание обращается на заплаты, швы и на углы бортов и воротника, на воротник одежды и на нижний отворот брюк. Подозрительные места прокалываются кривым шилом, которым легко нащупать зашитую в материю бумагу и другие предметы. Если прокол и прощупывание шилом подтверждают подозрение, шов или заплатка распарывается. Белье, носки, чулки и т. п. также выворачиваются наизнанку и прощупываются по всем швам; сомнительные швы прокалываются шилом. Обувь подвергается тщательному осмотру с внутренней стороны, т. е. в носке, под стельками, в надорванной подклейке, а также в привернутых или прибитых к каблукам резиновых пластинках.

Твердые кожаные краги нередко имеют зашитую внутри пружинящуюся стальную пластинку или кусок стальной пилки. У заключенных, одетых в краги, при поступлении в тюрьму краги отбираются и сдаются в склад.

Нательные кресты и так называемые «ладанки» (мешочки, носимые при себе некоторыми лицами качестве религиозной или семейной реликвии) обязательно вскрываются и, независимо от их содержимого, (земля, волосы и т. п.) отбираются для хранения на складе. Искусственные зубы и другие протезы заключенных тщательно осматриваются в целях выявления в их полой внутренности развинчивающихся коронок с ядом, а также тайников в протезах конечностей. Пояса, подтяжки, подвязки, пряжки, шнурки от обуви, галстуки, воротнички, запонки, мундштуки, обручальные кольца, деньги и др. металлические предметы отбираются.

Стальные брючные пряжки и крючки на одежде заключенных, содержащихся в центральных тюрьмах ГУГБ НКВД СССР и внутренних тюрьмах НКВД/УНКВД, срезаются и заменяются пуговицами. В общих тюрьмах пряжки и крючки срезаются только в случаях, когда о том следует письменное указание следственного органа, за которым числится заключённый.

Обыск одежды, белья и обуви, а также собственных вещей, прибывших с заключенными, производится обязательно в присутствии заключенного, но не в присутствии других заключенных. При обыске женщин, волосы у них прочесываются расческой. Пояса, бандажи и подвязки с металлическими застежками отбираются. Допускаются круглые подвязки без металлических частей. В случае обнаружения при обыске личных документов, а также разного рода бумаг и предметов, могущих интересовать следствие, результаты обыска сообщаются соответственному следственному органу с одновременным направлением обнаруженных при обыске документов и предметов.

На все изъятые при личном обыске у заключенных вещи: ценности, деньги, ордена и т. п. выписываются квитанции. Вещи с точным их наименованием и обозначением состояния вносятся в квитанцию независимо от их ценности. Квитанции выдаются на руки заключенному, на копиях которых он расписывается в правильности записи и в получении квитанции.

В целях проверки и обнаружения в камерах запрещенных предметов, в тюрьмах производятся периодические обыски заключенных по камерам и обыск самих камер. В среднем должно ежедневно подвергаться личному обыску 2 % заключенных. Каждый заключенный, содержащийся в тюрьме, должен быть обыскан не реже одного раза в два месяца.

Для личного обыска заключенные выводятся из камеры под благовидным предлогом в изолированное помещение. Обыскивается каждый заключенный в отдельности. В то время, когда происходит личный обыск заключенных, производится тщательный осмотр данной камеры. По окончании личного обыска заключенные возвращаются в камеру, где в их присутствии начинается обыск камеры и всех вещей, находящихся в ней.

Осмотр камеры имеет целью проверить ее состояние. При осмотре производится простукивание оконной решетки, рамы, пола, стен; осматриваются постельные принадлежности, оборудование, книги и личные вещи заключенных.

Осмотр камеры производится во время отсутствия в ней заключенных, для чего используются выводы заключенных на прогулку, в баню и т. п. Каждая общая камера должна подвергаться тщательному осмотру не реже одного раза в шестидневку, а одиночка — не реже двух раз в шестидневку.

Для правильного проведения обыска необходимо, чтобы обыск производился только лицами тюремного надзора, специально для этого назначенными. Заключенных женщин во всех случаях обыскивают только женщины-надзирательницы или выделенные для этого и тщательно проинструктированные сотрудницы.

При приеме продуктовой и вещевой передачи вещи и продукты (перед тем как передать их заключенному) тщательно осматриваются: хлеб и другие мучные изделия разрезаются, сыпучие продукты (сахар, соль и т. п.) пересыпаются, узлы с вещами развязываются, и каждая вещь в отдельности пересматривается.

Некоторые продукты, например, конфеты в бумажной обертке, трудно поддаются осмотру (нужно развертывать каждую конфету), поэтому такие продукты в передачу не принимаются.

Меры взыскания

В целях поддержания установленного тюремного режима и внутреннего распорядка, начальнику тюрьмы предоставлено право применять к заключенным, нарушившим правила тюремного режима, меры взыскания, предусмотренные Положением о тюрьмах; применение мер взыскания к подследственным заключенным согласовывается с руководителем следственного органа, за которым числится заключенный, а в отношении осужденных начальник тюрьмы применяет меры взыскания самостоятельно.

Мера взыскания, налагаемого на заключенного, должна соответствовать совершенному проступку. Как правило, каждый заключенный сам отвечает за свои проступки. Взыскание на всех содержащихся в камере заключенных налагается только в тех случаях, когда они не могут не знать виновника, нарушившего режим, но отказываются его назвать или когда весь состав заключенных в камере совершил нарушение тюремного режима. Взыскание налагается не иначе, как после проверки факта нарушения путем получения начальником тюрьмы или его заместителем личного объяснения от провинившегося.

Буйствующие заключенные, не прекращающие буйства по требованию надзора, помещаются в камеры для буйных, обитые резиной по мягкой набивке, а при отсутствии в тюрьме таких камер, на буйствующих заключенных разрешается надевать смирительную рубашку на время, устанавливаемое врачом или лекпомом тюрьмы.

Особенности в условиях содержания различных категорий заключенных

В тюрьмах для подследственных содержатся:

а) заключенные, состоящие под следствием;

б) осужденные, обжаловавшие приговор в кассационном порядке;

в) осужденные, подлежащие отправке из тюрьмы в другие места лишения свободы для отбытия срока наказания согласно приговору;

г) осужденные, временно переведенные в тюрьму для подследственных из исправительное-трудовых колоний, лагерей или тюрем для осужденных по вызову следственных органов в /связи с производством следствия по другим делам;

д) осужденные к содержанию в исправительное-трудовой колонии или лагере, используемые в тюрьме на хозяйственных работах.

Из этого перечисления видно, что в тюрьме могут содержаться заключенные различных категорий. К каждой из этих категорий за-

ГЛАВА ВТОРАЯ. ПРИЕМ АРЕСТОВАННЫХ И ЗАКЛЮЧЕННЫХ

ключенных не может применяться один и тот же тюремный режим. Вместе с тем, практически в тюрьме невозможно и нецелесообразно создавать многообразие в условиях содержания заключенных. Поэтому Положением о тюрьмах предусматриваются особые условия в содержании только для двух категорий заключенных: для несовершеннолетних правонарушителей и для осужденных к содержанию в исправительно-трудовой колонии или лагере, используемых на хозяйственных работах. Режим содержания всех остальных заключенных, независимо от того, являются ли они подследственными или осужденными, определяется Положением о тюрьмах для содержания подследственных.

Однако поскольку режим в тюрьме для подследственных рассчитан на подследственных заключенных и значительно строже в сравнении с режимом содержания заключенных в колонии или лагере, Положением предусматривается, что срок пребывания осужденного заключенного в тюрьме для подследственных не должен превышать десяти суток с момента вступления приговора суда в законную силу или объявления заключенному постановления Особого Совещания при НКВД СССР до дня отправки его к месту отбытия наказания в лагерь, исправительно-трудовую колонию или тюрьму для осужденных. Кроме того, в ряде случаев осужденные заключенные, обжаловавшие приговор в кассационном порядке, на длительный период времени задерживаются в тюрьме для подследственных. Для этой категории заключенных предусмотрены льготы, а именно: им разрешаются свидания с родственниками (один раз в месяц) и получение передачи, вещевой — один раз в месяц и продуктовой — два раза в месяц.

Режим содержаний несовершеннолетних правонарушителей от 12 до 16 лет значительно смягчен в сравнении с режимом, установленным для прочих подследственных заключенных. Так, например, несовершеннолетним правонарушителям разрешается переписка, свидания с родственниками, получение вещевых и продуктовых передач, а также чтение детских журналов и газет. Все это производится в порядке установленных правил и может быть запрещено только по специальному требованию следственного органа, за которым числится заключенный. Несовершеннолетние правонарушители поставлены в более благоприятные условия и в отношении их размещения, прогулки и т. п. Кроме того, предусматривается применение, как меры воздействия и воспитания, проведение бесед, разъясняющих обязательность соблюдения установленного режима. Запрещено применение к несовершеннолетним правонарушителям такой меры взыскания, как перевод в карцер.

Режим содержания осужденных заключенных, используемых на хозяйственных работах, в меру возможности, не нарушая установленной в тюрьме изоляции, приближен к условиям содержания заключенных в лагере или колоний. Заключенным разрешается переписка и свидание с родственниками и получение вещевых и продуктовых передач. Рабочий день заключенных не должен превышать 10 часов. Один раз в шестидневку предоставляется день отдыха. Для использования на хозяйственных работах в тюрьмах могут быть оставлены только осужденные к отбытию наказания в исправительно-трудовых колониях на срок не свыше 3 лет.

В центральных тюрьмах ГУГБ НКВД, и внутренних тюрьмах НКВД/УНКВД запрещается использование заключенных на работах по хозяйственному обслуживанию тюрем. Запрещается также во всех тюрьмах привлечение подследственных заключенных на какие бы то ни было работы, за исключением работ по самообслуживанию в камерах.

3. Заявления и жалобы заключенных

Права заключенных в отношении написания и подачи заявлений и жалоб

Каждый заключенный независимо от того, в какой тюрьме он содержится и в каком преступлении обвиняется, а также независимо от того, подследственный он или осужденный, имеет право подавать заявления и жалобы в высшие партийные и советские органы, Народному комиссару внутренних дел СССР, Прокурору СССР, начальнику Главного тюремного управления НКВД СССР, Народному комиссару внутренних дел и Прокурору Союзной или Автономной республики, начальнику УНКВД и прокурору области (края), начальнику тюремного отдела (отделения) НКВД/УНКВД, начальнику тюрьмы, а также соответствующему органу, ведущему следствие.

Заключенные имеют право подавать заявления и жалобы в закрытых конвертах. Если они не адресованы на имя начальника тюрьмы, администрация тюрьмы вскрывать их не может.

В обеспечение этого права Положение о тюрьмах обязывает администрацию тюрьмы выдавать заключенным бумагу для написания заявлений и жалоб, а при подаче закрытых заявлений — и заклеивающиеся конверты.

Заключенные, принадлежащие к национальностям, входящим в состав СССР, могут писать заявления и жалобы на своем родном языке независимо от того, владеют они русским языком или нет. Заключенные иностранно-поданные могут подавать заявления и жалобы на иностранном языке только в том случае, если они не владеют русским языком.

Порядок приема и направления заявлений и жалоб

Прием заявлений и жалоб от заключенных (за исключением адресованных начальнику тюрьмы) производится один раз в декаду. Это ограничение сделано для того, чтобы в известной мере предупредить возможность злоупотребления со стороны отдельных заключенных. В случаях же действительной необходимости, от отдельных заключенных, принимаются заявления вне зависимости от установленного порядка.

Прием заявлений и жалоб производится лично начальником тюрьмы, его заместителем или помощником. Письменные заявления на имя начальника тюрьмы должны приниматься дежурным помощником начальника тюрьмы без ограничения и в любое время от утренней до вечерней поверки.

Все поданные заявления и жалобы в тюрьмах подлежат строгому учету и немедленному направлению по назначению в порядке, установленном приказами НКВД СССР.

По открытым жалобам на действия тюремного надзора, адресованным начальнику тюрьмы, последний самостоятельно принимает меры на месте.

Справки о закыочешых даются только устные, в порядке, установленном приказами НКВД СССР. О заключенном сообщаются только данные о пребывании или отсутствии его в данной тюрьме.

Прокурорский надзор

За всеми без исключения тюрьмами установлен прокурорский надзор. Его задача — следить за законностью и условиями содержания заключенных в соответствия с существующими законами, положениями и инструкциями по их применению. Надзор осуществляется путем посещения прокурорами тюремных корпусов, опроса заключенных и просмотра их личных дел.

Надзор за центральными тюрьмами ГУГБ, тюрьмам ГУГБ для осужденных и внутренними тюрьмами НКВД — УНКВД могут осуществлять не все прокуроры.

Так, право беспрепятственного входа во все центральные тюрьмы ГУГБ, тюрьмы ГУГБ для осужденных и внутренние тюрьмы НКВД/УНКВД, опроса заключенных, проверки законности и условий содержания заключенных, а также ознакомления с их личными тюремными делами имеют: прокурор Союза ССР, его заместители и прокуроры, имеющие на то письменные поручения Прокурора Союза ССР.

Такое же право в отношении внутренних тюрем НКВД Союзных республик, имеют: прокурор Союзной республики, его заместители и прокуроры по спецделам, имеющие на то письменные поручения прокурора Союзной республики.

Такое же право в отношении внутренних тюрем НКВД автономных республик и УНКВД краев и областей имеют: прокуроры автономных республик, краев и областей, их заместители по спецделам, а также прокуроры по спецделам, имеющие на то письменные поручения прокурора автономной республики, области или края.

4. Выбытие заключенных из тюрьмы

Освобождение

Освобождение заключенного из тюрьмы является одним из самых ответственейших моментов тюремной работы. Объясняется это, во-первых, тем, что в практике работы имели место неоднократные случаи, когда заключенные обменивались фамилиями, искусно заучивали биографию своего сокамерника, подлежащего освобождению и выдавали себя за это лицо, в результате чего из тюрьмы освобождались заключенные, которые не подлежали освобождению; во-вторых, освобождение заключенного из тюрьмы является таким моментом, когда сокамерники могут воспользоваться услугами освобождаемого для установления нелегальной связи с волей. Вот почему установлен порядок, согласно которому освобождение заключенных из тюрьмы может производить только начальник тюрьмы или его заместитель. Лишь в больших тюрьмах, где помощники начальника тюрьмы имеют высокую квалификацию, допустимо возложить освобождение заключенных на дежурного помощника начальника тюрьмы.

Перед освобождением заключенного, начальник тюрьмы, его заместитель или дежурный помощник начальника тюрьмы обязан лично удостовериться в правильности документов на освобождение и тщательно сверить личность освобождаемого с его фотокарточкой и другими имеющимися данными (возраст, место рождения, дата ареста и т. п.).

Основанием для освобождения заключенного из тюрьмы в отношении срочных заключенных является истечение срока наказания, установленного приговором; в отношении всех остальных заключенных — один из следующих документов:

а) копия приговора или определения суда или постановления следственного органа;

б) выписка из постановления Особого Совещания при НКВД СССР;

в) копия определения суда об условно-досрочном освобождении;

г) копия постановления прокурора, наблюдающего за тюрьмой, о незаконном содержании заключенного в тюрьме;

д) выписка из протокола комиссии по применению амнистии.

В случаях, когда мотивированное постановление об освобождении из-под стражи, составленное следственным органом НКВД, не может быть оглашено, освобождение заключенного, подследственного НКВД, может быть произведено по ордеру 1-го Спецотдела НКВД/УНКВД.

Все перечисленные выше документы должны быт заверены подписью соответствующего должностного лица и гербовой печатью учреждения. При наличии сомнений в подлинности документов, начальник тюрьмы имеет право задержать освобождение заключенного до проверки документов в органах, их составивших.

Проверка документов в таких случаях производятся немедленно.

Выбытие заключенных в лагерь, колонию или другую тюрьму. Подготовка к этапированию

После вынесения обвинительного судебного приговора или решения Особого Совещания НКВД заключенные немедленно переводятся из камер для подследственных в камеры для осужденных, подлежащих отправке в тюрьмы. Одновременно с этим администрацией тюрьмы разъясняется заключенному, что он перед этапированием из тюрьмы имеет право на свидание с родственниками и на получение продуктовой и вещевой передачи, и об этом же посылается извещение родственнику. От заключенного принимаются заявления и жалобы по существу приговора, и разрешается написание доверенностей на передачу имущества и т. д, если заключенный осужден без конфискации имущества. По вступлении приговора в законную силу и получении наряда на отправку, заключенному сообщается название, адрес и место лишения свободы, куда он подлежит этапированию. Исключение составляют те заключенные, которые направляются для отбытия срока наказания в тюрьму ГУГБ для осужденных. Осужденным к ссылке и высылке сообщается: ссылаемым — место ссылки, высылаемым с запрещением проживания в определенных местах — список запрещенных местностей и населенных пунктов. Последнее сообщается под расписку.

Перед этапированием из тюрьмы заключенные подвергаются санитарной обработке и обыску. Вещи, разрешаемые к хранению в камере, выдаются на руки заключенному, а все остальные вещи, а также деньги пересылаются почтой к месту выбытия.

Осужденный заштатный, подлежащий отправке к месту отбытия срока наказания, может быть, по оперативным соображениям, задержан в тюрьме для подследственных на срок не свыше двух месяцев письменным распоряжением начальника УНКВД или его заместителя, согласованным с соответствующим прокурором.

ГЛАВА ВТОРАЯ. ПРИЕМ АРЕСТОВАННЫХ И ЗАКЛЮЧЕННЫХ

Нужно отметить, что не только освобождение, но и всякое выбытие заключенного из тюрьмы может быть использовано для побега и различных комбинаций. Из Киевской общей тюрьмы № 1 был этапирован в трудколонию несовершеннолетний правонарушитель Кругляк, осужденный народным судом на один год. Спустя несколько дней после отправки, другой (подследственный) правонарушитель заявил, что он является Кругляком. При проверке выяснилось, что заявивший действительно является Кругляком, а вместо него из тюрьмы этапирован несовершеннолетний правонарушитель Вишневский. Последний, по договоренности с Кругляком, изучил его автобиографические данные, при вызове из камеры к фотографу вышел вместо Кругляка, за него сфотографировался, при отправке ответил правильно на все контрольные вопросы, заданные ему дежурным помощником начальника тюрьмы, и был отправлен в колонию, откуда в тот же день сбежал.

Еще более характерный факт имел место в общей тюрьме № 4 УНКВД по Челябинской области. Заключенный Дмитриев был вызван в народный суд. За два дня до вызова в суд Дмитриеву было принесено в камеру обвинительное заключение. Но так как Дмитриев был переведен в другую камеру, вместо Дмитриева отозвался заключенный Вукалов, который принял обвинительное заключение и ознакомился с ним. Хорошо зная автобиографические данные Дмитриева и будучи с ним одного возраста, заключенный Вукалов, перед направлением из тюрьмы в суд, правильно ответил на контрольные вопросы дежурного помощника начальника тюрьмы, был направлен в суд и осужден вместо Дмитриева.

Эти примеры говорят о том, что при освобождении и этапировании заключенных из тюрьмы, должны быть проявлены осторожность, точность и бдительность.

Смерть заключенного в тюрьме

В случае смерти заключенного в тюрьме, в обязательном порядке производится врачебно-медицинский осмотр умершего, и причины смерти удостоверяются актом. В особых условиях производится судебно-медицинское вскрытие трупов, умерших в тюрьме заключенных.

Вскрытие может быть произведено по требованию следственного органа или прокурора, наблюдающего за тюрьмой, или тогда, когда указанные в акте врачебно-медицинского осмотра причины смерти заключенного вызывают сомнения у начальника тюремного отдела (отделения) НКВД/УНКВД или у начальника тюрьмы.

Вскрытие трупа, по усмотрению лица, давшего распоряжение о вскрытии, может быть произведено врачом тюрьмы или специально вызванным судебно-медицинским экспертом в оборудованном прозекторском помещении. О результатах вскрытия составляется акт. Один экземпляр акта врачебно-медицинского осмотра или судебно-медицинского вскрытия посылается следственному органу, за которым числится умерший заключенный.

О смерти заключенного администрация тюрьмы извещает следственный или судебный орган, за которым умерший заключенный числился (в отношении подследственных); ОАГС республики, области или края по адресу последнего местопроживания умершего перед арестом; родственников умершего.

Трупы умерших в тюрьме заключенных, как правило, подлежат выдаче ближайшим родственникам, если последние о том заявят, за исключением случаев:

а) когда заключенный умер от эпидемической болезни;

б) когда администрация тюрьмы не имеет практической возможности доставить извещение о смерти заключенного его ближайшим родственникам в течение 36 часов с момента смерти;

в) когда труп подвергался судебно-медицинскому вскрытию;

г) когда выдача трупа родственникам может, по мнению руководства местного органа НКВД, вызвать нарушение общественного порядка.

Что касается посылки родственникам извещения о смерти или о выдаче трупа, если умерший заключенный (подследственный или срочный) обвинялся в преступлениях, предусмотренных статьей 58-й УК РСФСР и соответствующей ей статьей УК Союзной республики, или, если умерший заключенный содержался во внутренней тюрьме НКВД/УНКВД или центральной тюрьме ГУГБ, хотя бы он и обвинялся в преступлениях, предусмотренных какой-либо другой статьей УК, то в этих случаях следует руководствоваться Приказом Наркома Внутренних Дел Союза ССР № 00859 от 28 июля 1939 г.

ГЛАВА ТРЕТЬЯ. УЧЕТ ЗАКЛЮЧЕННЫХ В ТЮРЬМЕ

Задачи учета заключенных

Учет заключенных в тюрьме преследует три основных задачи. Первая из них состоит в том, чтобы руководство тюрьмы и вышестоящие органы НКВД постоянно имели точные данные о составе содержащихся заключенных. Второй задачей учета является обеспечение правильного размещения заключенных в тюрьме в соответствии с требованиями тюремного режима и изоляции заключенных. Третья задача — контроль за соблюдением сроков содержания заключенных -под стражей, согласно нормам уголовно-процессуального кодекса.

Для выполнения этих задач от работников учетного аппарата тюрьмы требуется, прежде всего, абсолютная точность. Малейший недостаток в учете неизбежно -приводит к нарушению тюремного режима и изоляции.

Порядок и виды учета.

Учет заключенных в тюрьме ведется двух видов: персональный и суммарно-статистический.

На каждого заключенного по прибытии его в тюрьму заполняются учетные карточки, предусмотренные инструкцией, и заводится личное тюремное дело с вложением в него всех документов, на основании которых заключенный принят в тюрьму.

Суммарно-статистический учет ведется по сводной ведомости с указанием в ней общего цифрового количества всех заключенных в тюрьме, с подразделением общего количества заключенных на подследственных, осужденных, кассационных, транзитно-пересыльных и т. д. Этот учет должен отражать на каждый день состав заключенных, содержащихся в тюрьме, с разбивкой их по категориям. По данным этого учета составляются цифровые сводки, статистические сведения и другие отчетные материалы.

Кроме того, учитывается также каждое перемещение заключенных в ходе их движения в тюрьме: перевод в другую камеру, перевод в карцер, вывод на допрос к следователю, вывод на прием к врачу и т. д. Посредством этого учета осуществляется контроль за соблюдением установленной изоляции.

В отношении осужденных заключенных (срочных) для учета сроков содержания в тюрьме, установленных приговором суда, в тюрьмах ведутся специальные картотеки.

При выбытии заключенного из тюрьмы в другую тюрьму или другое место лишения свободы, ни один заключенный не может быть отправлен без личного тюремного дела. Личное тюремное дело вручается конвою в закрытом конверте. К нему прилагается (наклеивается на пакете) открытая справка, в которой указывается только фамилия, имя и отчество заключенного, в чье распоряжение и куда он следует. В учетно-анкетной карточке делается отметка об убытии заключенного, а сама карточка вкладывается в картотеку «убыли». Таким же образом отмечается выбытие заключенных при освобождении из тюрьмы и в случае смерти.

Побег заключенного из тюрьмы является чрезвычайным происшествием. В случае побега, администрация тюрьмы, в соответствии с приказом НКВД СССР № 00310 от 30 марта 1939 г., должна немедленно принять активные меры розыска в районе побега своими оперативными сила, обращаясь одновременно к содействию органов УГБ и УРКМ, на территории которых находится тюрьма.

Если по истечении 12 часов после побега заключенный не будет задержан, весь следственно-розыскной материал и личное дело заключенного пересылаются начальником тюрьмы начальнику тюремного отдела НКВД/УНКВД, последний по телеграфу доносит в Главное тюремное управление и одновременно высылает розыскное требование.

Объявление во всесоюзный розыск бежавших производится в порядке, установленном вышеуказанным приказом.

В тюрьмах установлен порядок, согласно которому учетно-анкетные карточки хранятся в архиве тюрьмы в течение 25 лет, и только после этого срока они могут быть уничтожены по акту. Для личных тюремных дел заключенных, выбывших из тюрьмы (освобожденных и умерших), установлен десятилетний срок хранения в архиве.

ГЛАВА ТРЕТЬЯ. УЧЕТ ЗАКЛЮЧЕННЫХ

Контроль за сроками содержания заключенных в тюрьме

На учетный аппарат тюрем возлагается контроль за сроками содержания подследственных заключенных в тюрьме в соответствии с нормами, установленными уголовно- процессуальным кодексом.

В день истечения законного срока содержания под стражей, тюрьма должна сообщить об этом судебно-следственному органу, за которым числится заключенный, и прокурору, наблюдающему за тюрьмой. Если в течение трех дней после уведомления, продление срока содержания под стражей не последует или заключенный не будет освобождён, начальник тюрьмы извещает об этом вышестоящие органы прокуратуры и НКВД.

Порядок конвоирования заключенных

Конвоирование заключенных из одной тюрьмы в другую или к месту отбытия срока наказания в лагеря и колонии, как правило, производится конвоем конвойных войск НКВД или конвоем органов РК милиции.

Главным управлением конвойных войск установлен порядок движения вагонзаков (вагонов для заключенных) по определенным маршрутам, например: Москва—Архангельск, Москва—Сызрань, Москва—Астрахань и т. д. с указанием чисел, когда по этим маршрутам следуют вагоны для заключенных. В соответствии с этим тюрьмы подготовляют заключённых, подлежащих к отправке по этим направлениям, вызывают конвой из конвойной части, обслуживающей тюрьму, и сдают ему заключенных для доставки до жел. дор. станции и сдачи конвою вагонзака.

Доставка заключенных в суды производится — в пределах города — конвоями конвойных войск НКВД и конвоями органов РК милиции на автозаках (автомобиль для заключенных), а вне пределов города заключенные доставляются конвоем на жел. дор. станцию и сдаются конвою вагона для заключенных.

Особо-опасные государственные преступники конвоируются особым конвоем конвойных войск НКВД. Особенность этого конвоя состоит в том, что заключенные, следующие особым конвоем, принимаются только в стенах тюрьмы и доставляются до места назначения в другую тюрьму или лагерь без передачи этих заключенных другим конвоям в пути, а также не допускается их конвоирование вместе с другими заключенными в одной машине или купе вагонзака. Во всех случаях одновременно с конвоируемыми заключенными направляются их личные тюремные дела.

ГЛАВА ЧЕТВЕРТАЯ. АГЕНТУРНО-ОПЕРАТИВНАЯ РАБОТА СРЕДИ ЗАКЛЮЧЕННЫХ — ОДНА ИЗ ФОРМ ОБЕСПЕЧЕНИЯ ПРАВИЛЬНОГО ХОДА СЛЕДСТВИЯ И ОДИН ИЗ ВИДОВ ОБЕСПЕЧЕНИЯ ОХРАНЫ ТЮРЕМ

Общее понятие об агентурно-оперативной работе в тюрьмах НКВД среди заключенных, ее цели, задачи и особенности

Агентурная работа среди заключенных в тюрьмах является одним из основных видов оперативной работы советской разведки.

Она должна представлять собой сумму организованных активных действий, направленных к тому, чтобы вскрыть все замыслы и намерения преступника, изолированного от общества и заключенного в тюрьму, полностью выявить факты его преступной деятельности, а также и его соучастников, скрываемых им от следствия и суда. Она должна выявить и пресечь все попытки к продолжению контрреволюционной и антигосударственной (антиобщественной) деятельности в стенах тюрьмы, а равно вскрыть намерения заключенных после освобождения из тюрьмы.

Основой агентурно-оперативной работы в тюрьмах является осведомление, внедряемое в среду заключенных.

Рядом фактов установлено, что даже в тех тюрьмах, где хорошо поставлена охрана и изоляция заключенных, враги народа, используя некоторые возможности, продолжают свою враждебную к.р. деятельность. В процессе следствия они, например, пытаются скрыть наиболее важные факты своей антисоветской деятельности и антисоветской деятельности своих соучастников, оставшихся на воле.

Каждый лишний день, проведений на свободе неразоблаченным диверсантом, террористом, шпионом, вредителем, может принести большой вред Советской стране и делу социализма. Поэтому быстрейшее выявление через агентуру того, что скрывает уже арестованный враг народа от следствия и суда, является одной из основных задач каждого оперативного работника в его агентурной работе среди подследственных заключенных. Путем различного рода ухищрений враги народа, посаженные в тюрьму, пытаются в целях противодействия следствию установить связь со своими однодельцами и соучастниками, оставшимися на свободе. Задача оперативных работников тюрем состоит в том, чтобы через внутрикамерное осведомление нащупать эту связь и установить каналы, через которые она осуществляется.

Задачи агентурно-оперативной работы в тюрьмах среди заключённых в инструкции НКВД СССР от 7 июня 1939 года определены следующим образом:

«Основными задачами агентурно-оперативной работы среди заключенных (находящихся под следствием и срочно осужденных) являются:

а) выявление через осведомление фактов сокрытия заключенными от следствия и суда своей контрреволюционной и антигосударственной деятельности и своих соучастников по контрреволюционной работе (в особенности оставшихся на воле);

б) вскрытие методов и форм антисоветской деятельности, намечаемых заключенными к проведению в тюрьме и по освобождению из тюрьмы;

При этом особое внимание должно быть обращено на тщательное и своевременное выявление через осведомление террористических и диверсионных намерений заключенных и их соучастников, находящихся на воле;

в) вскрытие форм, методов и фактов нелегальной связи заключенных между камерами и с волей;

ГЛАВА ЧЕТВЕРТАЯ. АГЕНТУРНО-ОПЕРАТИВНАЯ РАБОТА

г) выявление и предупреждение попыток заключенных к побегам;

д) выявление и предупреждение попыток заключенных к обработке и разложению надзорсостава (для ослабления режима, установления связи с другими камерами, волей и т. д.).

Агентурно-оперативная работа должна охватывать не только заключенных, арестованных или осужденных за к.-р. преступления. Как известно, в общих тюрьмах НКВД основным контингентом заключенных являются лица, арестованные за другие уголовные преступления (бандитизм, расхищение социалистической и общественной собственности, растратчики, конокрады и т. д.).

Общеизвестно, что капиталистические разведчики зачастую вербуют из среды уголовного элемента исполнителей террористических и диверсионных актов — поджигателей и убийц. Давно установлено, что скотокрады и бандиты, оперировавшие в сельских пограничных районах Азербайджана, были связаны с буржуазно-националистической партией «Муссават», бандиты в Грузии — с меньшевиками и т. д,

Из ряда вскрытых фактов известно, что уголовникам, ставшим шпионами и участниками контрреволюционных формирований и посаженным в тюрьму за совершенные ими уголовные преступления, довольно часто, вследствие отсутствия в их среде агентуры, удается скрыть свое участие в контрреволюционных организациях.

Поэтому Наркомвнудел, придавая большое значение вопросам организации агентурно-оперативной работы среди заключенных подследственных и осужденных за бытовые и уголовные преступления, в инструкции от 7 июня 1939 года указывает:

«При ведении агентурно-оперативной работы по этому контингенту нужно иметь в виду, что среди него могут скрываться неразоблаченные шпионы, диверсанты, участники контрреволюционных формирований.

Успешная агентурная работа по этому контингенту заключенных будет способствовать вскрытию контрреволюционного подполья всех видов.

Особое внимание при разработке этих лиц нужно также обращать на то, что они могут быть обработаны для контрреволюционной работы заключенными, осужденными за контрреволюционные преступления, и по их заданиям выполнять поручения по установлению связей с волей.

Эти заключенные, не желая честно трудиться, занимаются воровством, грабежами, разбоем, расхищением социалистической собственности и, во многих случаях, переходят от уголовных преступлений к антисоветской деятельности и становятся отъявленными врагами народа.

Поэтому агентурно-оперативная работа среди этой категории заключенных приобретает не менее важное значение, чем среди заключенных за контрреволюционные преступления.

Агентурно-оперативная работа среди всех контингентов заключенных в тюрьмах имеет, понятно, и свои особенности.

Главная особенность этой работы среди заключенных состоит в том, что в этой работе приходится пользоваться исключительно агентурой, завербованной из среды самих заключенных, т. е. такой агентурой, которая по своей идеологии враждебна Советской власти, антиобщественна, озлоблена репрессией, зачастую хорошо знает технику подпольной работы. Во многих случаях такая агентура склонна рассматривать свое сотрудничество с советской разведкой, с одной стороны, как средство к скорейшему освобождению из тюрьмы, с другой стороны, как средство, направленное к тому, чтобы дезориентировать следствие и скрыть своих соучастников, не выданных ею во время следствия и оставшихся на воле. Малейшая неосторожность в агентурной работе, отсутствие критического подхода к получаемым сведениям и отсутствие непрерывной проверки агентурных материалов может превратить оперработника в тот канал, по которому органы следствия будут насыщаться дезинформацией и клеветническими материалами на ни в чем невиновных, преданных Советской власти людей. Однако при соблюдении необходимых мер предосторожности, достаточной бдительности и систематической перепроверке получаемых агентурных материалов эта особенность не может служить препятствием к выполнению задач, поставленных перед оперсоставом тюрем.

ГЛАВА ЧЕТВЕРТАЯ. АГЕНТУРНО-ОПЕРАТИВНАЯ РАБОТА

К одной из особенностей агентурно-оперативной работы среди заключенных в тюрьме для содержания подследственных следует отнести и так называемую текучесть (убытие заключенных по судебным приговорам в другие места заключения).

Поэтому рекомендуется не менее одного раза в декаду пересматривать состав заключенных, с которыми поддерживается оперативная связь, отмечая выбывших и одновременно принимая меры к установлению новых связей.

Может случиться, что несколько заключенных, подходящих для установления с ними оперативной связи, окажутся в одной камере без оперативной для данной камеры надобности, но при недостаточном обеспечении агентурой других камер тюрьмы. В этих случаях необходимо произвести соответствующее перемещение заключённых, не нарушая при этом имеющихся указаний об изоляции однодельцев или других специальных указаний в отношении каждого из заключенных.

Вербовка или подсадка для разработки того или иного подследственного, по инициативе оперативного работника, допустима в тюрьмах для подследственных не иначе, как с особой санкции руководства местного органа НКВД или работника, ведущего следствие. При установлении и дальнейшем осуществлении связи с осведомителем следует помнить о конспирации, чтобы не допустить его провала. При этом имеют особенно важное значение способы конспирирования встреч с осведомителем от сокамерников. Не замаскированные отвлеченными причинами вызовы заключенного-осведомителя из камер поставят его в чрезвычайно трудные условия в отношении сокамерников и быстро его провалят. В этих целях следует использовать для встреч тюремную амбулаторию (врачебные кабинеты), инсценировать перевод в карцер или в одиночку в порядке наказания и т. д.

В каждом отдельном случае рекомендуется при встрече условливаться с осведомлением о технике связи, учитывая условия содержания его в данной камере.

Особенности работы оперчасти в тюрьмах для осужденных несколько иные, чем в тюрьмах для подследственных.

Агентурная разработка осужденных, например, отнюдь не должна откладываться или носить затяжной характер, исходя из соображений, что объект сидит в тюрьме и, следовательно, обезврежен. Условия разработки в этих тюрьмах несколько упрощаются, т. к. в распоряжении оперативной часта тюрьмы, на основании материалов прошлой к.р. деятельности объекта, имеется более точное представление о нем и его связях. Объект изолирован и, кроме того, при достаточной оперативной изобретательности работник оперчасти располагает возможностью выбора комбинаций для проведения быстрой и успешной разработки. Условия строгой междукамерной изоляции заключенных в данном случае нельзя рассматривать как препятствие для применения нужных комбинаций. При оперативной необходимости возможны, по условиям разработки, и переводы отдельных заключенных из одной камеры в другую. Так, если возникает необходимость подсадки осведомителя к арестованному, находящемуся в другой камере, это мероприятие, при обоснованной его целесообразности, будет всегда разрешено. В другом случае, быть может, потребуется изолировать разрабатываемого объекта от одних сокамерников и перевести его в камеру с другими заключенными и т. д.

Конечно, эти комбинации с перемещением заключенных из камеры в камеру рекомендуется производить, тщательно продумав их, так как чрезмерное увлечение ими может привести к такому нарушению условий изоляции, которое облегчит к.-р. деятельность заключенных.

Организация агентурно-оперативной работы

Агентурно-оперативная работа среди заключенных проводится оперативной частью тюрьмы.

Общее руководство агентурно-оперативной работой осуществляется начальником тюрьмы, который и несет полную ответственность за ее правильную постановку.

Организация агентурно-оперативной работы и повседневное ее выполнение осуществляется заместителем начальника тюрьмы по оперативной части, оперативными уполномоченными и пом. оперуполномоченными, находящимися в его распоряжении.

В тюрьмах, не имеющих по штату оперативной части, агентурно-оперативная работа производится лично начальником тюрьмы

ГЛАВА ЧЕТВЕРТАЯ. АГЕНТУРНО-ОПЕРАТИВНАЯ РАБОТА

или оперативными работниками тюремных отделов путем их периодического выезда в тюрьмы.

Для того, чтобы правильно организовать агентурно-оперативную работу в тюрьмах среди заключенных, необходимо:

Первое: придерживаться плановости как в расстановке агентурно-осведомительной сети, так и в работе с ней;

Второе: быстро и правильно ориентироваться в контингенте заключенных, содержащихся в общих камерах, получить от следственного аппарата НКВД/УНКВД информацию о том, какие заключенные представляют наибольший оперативный интерес для разработки и кто из них является подходящим для вербовки, изучить и наметить лиц, подлежащих вербовке в качестве внутрикамерного осведомления.

Третье: постоянно пополнять состав осведомителей, чтобы обеспечить полностью как разведывательную работу среди заключенных, так и перепроверку поступающих агентурных материалов.

Четвертое: правильно воспитывая это осведомление, заставить его работать активно и добросовестно.

Пятое: своевременно разоблачать и предотвращать всякие попытки врагов народа, проникающих в состав внутрикамерного осведомления, продолжать свою вражескую работу путем дезинформации и дачи ложных материалов с целью сокрытия действительных преступников и клеветы на невиновных.

Основным условием успешной работы внутрикамерной осведомительной сети должно быть правильное ее построение. Поэтому она должна быть построена по определенному, хорошо продуманному и правильно составленному плану. Она должна охватывать все общие камера, занятые заключенными, а также и всех заключенных, требующих специальной разработки.

Поскольку вообще каждая работа требует плана, составление последнего при организации агентурно-осведомительной сети в тюрьмах среди заключенных является первым и обязательным условием для начальника тюрьмы и его оперативного аппарата. Не имея плана насаждения агентурно-осведомительной сети, начальник тюрьмы и его оперативная часть никогда не будут в курсе того, где и как расставлено у них осведомление среди заключенных.

План насаждения агентурно-осведомительной сети составляется по каждой тюрьме, подписывается начальником и оперативным работникам данной тюрьмы и утверждается начальником тюремного отдела.

Прежде чем приступить к насаждению агентурно-осведомительной сети и составлению плана ее расстановки, заместитель начальника тюрьмы по оперативной части или начальник тюрьмы обязан изучить контингент заключенных каждой общей камеры в отдельности.

При изучении контингента заключенных в той или иной камере, необходимо просмотреть все документы, хранящиеся в тюремных личных делах заключенных, и использовать информацию, полученную от следственного аппарата НКВД/УНКВД.

При определении лиц для вербовки из среды заключенных, числящихся не за органами НКВД, нужно исходить только из того наличия материалов, которое имеется в личных тюремных делах этих заключенных.

Следует иметь в виду, что это изучение должно дать не только материалы на заключенных, подлежащих вербовке, но и на заключенных, которых необходимо будет разрабатывать. Это последнее касается особенно заключенных, отбывающих срок наказания в тюрьмах ГУГБ для содержания осужденных.

Ознакомившись, как указано выше, с контингентами заключенных по камерам, зам. нач. тюрьмы по оперчасти или нач. тюрьмы приступает к составлению плана расстановки агентурно-осведомительной сети и одновременно намечает тех заключенных, которые могут быть завербованы осведомителями или использованы как заявители. При составлении плана расстановки агентурно-осведомительной сети среди подследственных заключенных, проходящих по делам органов ГУГБ, необходимо учитывать, как правило, что осведомители, завербованные из числа этих подследственных, должны являться лишь дополнительными к осведомителям (агентам), вербуемым в процессе следствия следственными органами НКВД.

Это значит, что, в основном, агентурную работу по разработке подследственных заключенных по делам ГУГБ, должны вести оперативные работники соответствующих оперативных отделов (частей) НКВД/УНКВД, за которыми числятся эти заключенные, следовательно, они и должны вербовать необходимое им для этого осведомление.

Не исключена возможность, когда тот или иной оперработник НКВД/УНКВД, по оперативным соображениям, найдет нецелесообразным заниматься вербовкой осведомителя для разработки заключенного, на которого он ведет следствие, и поручит эту работу оперативной части тюрьмы. В этом случае оперчасть тюрьмы должна получить от оперработника письменное задание с указанием, какого именно заключенного он рекомендует завербовать и для какой цели, т. е. для разработки каких именно заключенных и в каком направлении.

Совершенно недопустимо такое положение, когда агентурную работу среди заключенных данной камеры, числящихся за следственным органом НКВД, ведет работник следственного органа, а начальник тюрьмы, не имея в камере своего осведомителя, не будет информирован о фактах нарушений изоляции, о настроениях и преступных намерении заключенных этой камеры (попытка к побегу, камерный бандитизм и т. д.).

В этом случае работник следственного органа, встречаясь с осведомителем, обязан получить от него информацию не только но вопросам специально его интересующим, но и но всем вопросам, представляющим интерес для начальника тюрьмы, и немедленно пересылать последнему необходимую информацию.

Если оперчасть тюрьмы не осведомлена о наличии в данной камере осведомления следственного органа НКВД, и последний, имея осведомление, не считает целесообразным информировать об этом оперчастъ тюрьмы, вербовка осведомления в данной камере работникам тюрьмы согласовывается оперчастью со следственным органом в общем порядке.

Очень часто следственные органы НДВД, имея свое осведомление и тюрьмах среди подследственных, по окончании следствия и передаче дела в судебные органы прекращают снизь даже с весьма ценными осведомителями. Между тем эти осведомители могли быть использованы при этапировании заключенных в эшелонах, а также в тюрьмах дли осужденных, лагерях или других местах отбытия срока наказании. Поэтому, как правило, следственные органы НКВД по окончании следствии обязаны передавать осведомителей, завербованных в процессе ведения следствия, оперчастям тюрем дли дальнейшей с ними связи перед отправкой к мосту отбытия наказании, а также и в последующее время и тюрьмах н лагерях.

Следовательно, представляя в тюремный отдел (или в Главное тюремное управление) свои соображения (план) о расстановке агентурно-осведомительной сети среди заключенных, начальник тюрьмы и его оперчасть должны исходить из следующих задач:

а) в тюрьмах НКВД для подследственных — вскрытие агентурным путем ухищрений заключенных, направленных к дезорганизации н дезориентации следствия и обеспечение следствию помощи и проведении необходимых оперативных комбинаций в камерах тюрьмы;

б) в тюрьмах ГУГБ для содержания осужденных — вскрытие агентурным путем тех совершенных или подготовлявшихся к.р. преступлений, которые осужденными были скрыты от следствия и суда, и пресечение всякой возможности осужденными к.-р. деятельности в тюрьме;

в) в тюрьмах той или другой категории — задачи агентурного обеспечения тюремного режима, изоляции и охраны тюрьмы.

Как правило, к плану расстановки агентурно-осведомительной сети должна быть приложена объяснительная записка с обоснованиями вербовки.

Посте утверждения Наркомом внутренних дел республики или начальником УНКВД (для тюрем ГУГБ — начальником 1 отдела Главного тюремного управления) плана расстановки агентурно-осведомительной сети по камерам, следует приступить к вербовке осведомителей.

Вербовке заключенного должны предшествовать:

а) определение цели вербовки (для чего необходима вербовка);

б) ознакомление с имеющимися материалами о заключенном (агентурными данными, сообщениями оперативных отделов о целесообразности вербовки, меморандумами, приговорами, имеющимися в отношении срочно осужденных и т. д.);

в) вызов под благовидным предлогом намечаемого к вербовке к оперативному работнику для личного ознакомления (поводом для вызова может служить подача этим заключенным тех или иных за-

ГЛАВА ЧЕТВЕРТАЯ. АГЕНТУРНО-ОПЕРАТИВНАЯ РАБОТА

явлений, вызов под видом предупреждения его о правилах режима или о нарушении правил режима этим заключенным и т. д.).

г) получение санкции на вербовку.

Личная беседа оперативного работника с заключенным, намечаемым к вербовке, должна иметь целью выяснить, насколько подходит к вербовке заключенный по своим личным качествам (наличие связей с интересующими НКВД лицами, умение ориентироваться в обстановке, общий уровень развития, поведение в тюрьме и т. д.). Как правило, беседа должна начинаться с тех вопросов, которые послужили формальным предлогом для вызова заключенного, а затем, если оперативный работник убедился, что заключенный не намерен выходить за рамки своего заявления, обусловившего его вызов, беседа прекращается или же беседа продолжается, если оперативный работник убедился в том, что заключенный охотно рассказывает об обстановке в камере, нарушениях режима, «секретах» камеры и т. д.

В последнем случае желательно, чтобы заключенный написал письменное заявление по сообщенным им фактам, после чего оперативный работник указывает заключенному на желательность получения от него подобной информации и впредь, не давая ему, однако, повода расценивать это пожелание как задание. В то же время оперработник должен дать понять заявителю необходимость сохранения в тайне от сокамерников обстоятельств и содержания данной беседы.

Если заключенный не уклоняется от дальнейшей информации, нужно вызвать его через 7—10 дней и получить дополнительное письменное сообщение. И лишь после того, как заключенный даст в своих сообщениях факты об антисоветской деятельности заключенных (или других каких- либо преступлениях), можно начать давать ему задания сначала в развитие сделанных им сообщений, а затем и в отношении лиц, интересующих органы НКВД.

Чтобы зашифровать вызов намечаемых к вербовке осведомителей, необходимо практиковать вызов не только тех заключенных, которые намечаются к вербовке, но и других заключенных, содержащихся в этой же камере.

К подбору и вербовке внутрикамерного осведомления из среды заключенных нужно подходить обдуманно, всесторонне изучая каждого заключенного, намечаемого к вербовке. Для примера возьмем одну из камер тюрьмы для содержания подследственных, в которой содержатся трое заключенных. Все они имеют высшее образование, до ареста работали инженерами на разных заводах. Из ориентировки, полученной от следственного органа, известно, что один из них — инженер старой школы. До Октябрьской революции работал в отделениях иностранных фирм в бывшей царской России. Второй — окончив в 1932 году ВУЗ, был в научной командировке за границей, где у него находятся родственники, эмигрировавшие в 1917—1918 г. Третий заключенный, окончив в 1934 г. один из институтов, беспрерывно работал на одном из советских заводов.

Все они обвиняются как участники антисоветской вредительской организации. Имея целью выяснить, что именно заключенные этой камеры скрывают от следствия, оперработник, не имея возможности ввести осведомителя в эту камеру, ставит перед собой задачу завербовать одного из них.

После того как на основе анализа всех данных стало очевидно, что первые двое заключенных представляют большой интерес как объекты разработки и что вербовать одного из них для разработки третьего заключенного нецелесообразно, этот последний заключенный определился наиболее подходящим кандидатом на вербовку в качестве осведомителя для разработки двух первых.

Для законспирирования целей вызова намеченного к вербовке, нужно изыскать благовидный предлог. Необходимо, с одной стороны, проинструктировать надзорсостав, дав ему указание повести за заключенными, сидящими в этой камере, особо строгое наблюдение с целью установления конкретных фактов нарушения режима и изоляции этими заключенными, и с другой стороны, оперработнику надлежит просмотреть все заявления, идущие от заключенных этой камеры в адрес администрации тюрьмы.

Вполне возможно, что за предшествующие несколько дней никаких заявлений (которые могли бы явится поводом для вызова) от заключенных из данной камеры не поступало. Но дежурные надзиратели, в результате более тщательного «наблюдения, заметили то или иное нарушение заключенными правил внутреннего распорядка. Это обстоятельство может явиться благовидным предлогом для вызова заключенных из камеры. Первым рекомендуется вызывать

ГЛАВА ЧЕТВЕРТАЯ. АГЕНТУРНО-ОПЕРАТИВНАЯ РАБОТА

двух других заключенных, а не заключенного, намеченного к вербовке.

Во время вызова оперативным работником первых двух заключенных, определившихся как объекты активной агентурной разработки, беседа с ними проводится только по существу факта нарушения режима. После проведения беседы с этими двумя заключенными, из камеры вызывается третий заключенный, намечаемый к вербовке. Как уже оказано, беседа с ним должна начаться с факта нарушения режима, послужившего формальным предлогом для вызова. Если заключенный оказывается довольно откровенным и охотно рассказывает о том, кто именно в данном случае нарушил тюремный режим и что подобного рода нарушения допускаются этим заключенным не впервые, или, если к тому еще он вскользь коснется и настроений или намерений остальных двух заключенных или одного из них, можно приступить к вербовке.

Если же заключенный, намечаемый к вербовке, воздерживается от изложения обстановки в камере, нарушений режима, «секретов» камеры, беседа ограничивается только пределами тех вопросов, которые послужили формальным предлогом для вызова.

Имели место случаи, когда наиболее важные государственные преступники сами по своей инициативе сообщали о мелких случаях антисоветских высказываний сокамерников, предлагали оперативной части свои услуги «осведомлять» о настроениях и высказываниях своих сокамерников, которые по своему удельному весу имели меньшее значение, чем эти «добровольные заявители».

В таких случаях обычно оказывается, что навязывание ими своих услуг является средством втереться в доверие органов НКВД с целью выяснить, какую работу органы НКВД ведут среди заключенных, выяснить объем и задачи этой работы и ускользнуть от внимания оперативной части.

В беседах с такими заключенными оперработнику нужно быть особенно осторожным и не дать им понять, что органами НКВД ведется среди заключенных агентурно-осведомительная работа. В камеры, где содержатся такие заключенные, необходимо под благовидным предлогом вводить проверенную и опытную агентуру для их активной разработки.

Организация

Вообще же подбор внутрикамерного осведомления нужно производить из числа тех заключенных, которые дали наиболее полные и правдивые показания на следствии.

Нельзя вербовать не сознавшихся в своих преступлениях заключенных.

Только при условии серьезного отношения к подбору осведомителей и непрерывной их проверке, можно предотвратить проникновение в агентурно-осведомительную сеть осведомителей-двойников и тех из врагов Советской власти, которые проникают в число нашей агентуры с целью продолжения своей антисоветской деятельности и дезинформации органов НКВД. Само собой разумеется, что только при наличии не менее двух осведомителей в камере, можно до известной степени обеспечить перепроверку той части сообщений осведомителей, которая не поддается проверке иными путями (например, сообщения о преступных намерениях).

До осуждения подследственного заключенного, привлеченного к агентурно-осведомительной работе, его вербовка не оформляется подпиской. Даваемые им сообщения, он подписывает как заявитель своей фамилией. Личное и рабочее дело на него не заводится. Он вносится в специально ведущуюся в оперчастях книгу под названием «Список следственных заключенных особого назначения». В этой книге на каждого осведомителя-заявителя вносятся полные установочные данные и результаты его работы (подробно см. в разделе «Оперативный учет»). После того, как осведомитель - заявитель осужден, он оформляется обычным порядком, как и вербуемая агентура из числа осужденных.

Вербовка осведомителей из числа осужденных производится так же, как и вербовка подследственных, с той лишь разницей, что санкция на вербовку дается тюремными отделами или (если вербовка производится в тюрьмах ГУГБ для осужденных) Главным тюремным управлением. В этом случае от заключенного отбирается подписка, в последней указывается псевдоним, которым заключенный будет подписывать свои донесения, заводится личное и рабочее дело. Указанный выше порядок вербовки в равной степени относится ко всем осужденным заключенным независимо от того, содержатся ли они в тюрьмах для подследственных или в тюрьмах для осужденных.

ГЛАВА ЧЕТВЕРТАЯ. АГЕНТУРНО-ОПЕРАТИВНАЯ РАБОТА

Каждого завербованного осведомителя следует закреплять за определенным оперработником и без нужды часто не передавать на связь от одного к другому оперработнику.

В период, предшествующий вербовке и после ее оформления, всегда нужно учитывать индивидуальные способности каждого осведомителя. Один может прекрасно подходить к разработке шпионов, другой — право-троцкистов, третий — белогвардейцев, четвертый — церковников, пятый — эсеров, меньшевиков и т. д.

Часто бывают случаи, когда, скажем, церковника используют для разработки право-троцкиста. Хотя и установлено, что все антисоветские силы блокируются на общей базе борьбы с Советской властью, но, как правило, церковнику, например, весьма трудно разработать право-троцкиста. Поэтому каждому осведомителю нужно давать такие задания, которые он может выполнить с успехом.

Связь и руководство внутрикамерным осведомлением

Вопросы связи с внутрикамерным осведомлением приобретают весьма важное значение в агентурно-оперативной работе среди заключенных, содержащихся в тюрьмах.

Заключенные, в силу целого ряда причин, (в том числе и предательства со стороны осведомителей) иногда догадываются о существовании осведомителей в камерах и поэтому всячески стараются выяснить, кто именно из сокамерников является осведомителем. Такое положение имеет место во всех тюрьмах и среди всех категорий заключенных, в том числе даже в среде малолетних преступников, которые всякого вызванного из камеры в канцелярию тюрьмы считают «доносчиком», называют его оскорбительными кличками, зачастую без всякого повода избивают.

Более тяжелые последствия может иметь провал осведомления среди заключенных, обвиняемых в контрреволюционных преступлениях. Часто враги народа, определив, кто из заключенных является осведомителем оперчасти тюрьмы, не дают ему понять, что он «расшифрован», и продолжают через него свою вражескую антисоветскую деятельность путем протаскивания в органы следствия клеветнических материалов на людей честных и невиновных и вывода из-под удара советского правосудия действительных врагов Советской власти.

Игнорирование элементарных правил связи с внутрикамерным осведомлением, а порой, небольшая на первый взгляд непредусмотрительность, приводит к расшифровке осведомителей и тяжелым последствиям в агентурно-оперативной работе.

Наиболее удобной, менее возбуждающей подозрение, формой связи с внутрикамерным осведомлением, работающим среди подследственных заключенных, несомненно, является вызов под видом допроса.

Применяя эту форму связи, необходимо строго соблюдать все правила и формальности, применяемые во время действительных вызовов заключенных на допросы. В противном случае даже небольшое отступление от общих правил и порядка неизбежно приводит к полному провалу осведомителя.

Например, работники оперчасти одной из тюрем УНКВД практиковали вызов внутрикамерного осведомления на связь простыми записками намного отличавшимися от формы бланков, обычно установленных в этой тюрьме для вызова заключенных на допрос. После нескольких вызовов осведомителей в таком упрощенном порядке, сокамерники этих заключенных заметили, что форма записок отличается от обычной, и к тому же вызовы по запискам сопровождаются слишком равномерными промежутками времени и необычно кратковременным пребыванием на допросах.

В итоге вызываемые таким образом осведомители на связь были расшифрованы, а заключенные этих камер, при переводе их в другие камеры, распространили по всей тюрьме слух, что лица, вызываемые на допрос по простым запискам, являются осведомителями НКВД и что этих заключенных нужно бойкотировать.

В другом случае надзиратель, выводивший осведомителя «Х» из камеры в оперчасть, предложил ему, по собственной инициативе, надеть пальто (было холодно), тогда как в следственный корпус, расположенный в том же помещении, обычно заключенных выводили на допрос без теплой одежды. Эта мелочь грозила расшифровкой осведомителя, так как в тот период времени заключенных выводили тепло одетыми только в административный корпус тюрьмы, в который нужно было итти через двор. Расшифровка была предотвращена вызовом из этой камеры под различными предлогами дополнительно трех заключенных, которым также было предложено одеть пальто.

ГЛАВА ЧЕТВЕРТАЯ. АГЕНТУРНО-ОПЕРАТИВНАЯ РАБОТА

Значительно легче осуществлять связь с тем осведомителем, который находится только вдвоем с объектом разработки. В таких случаях рекомендуется договориться со следователем о вызове разрабатываемого подследственного заключенного на допрос. После вызова объекта разработки на допрос, можно зайти в камеру или вызвать осведомителя к себе в оперчасть.

В тех случаях, когда оперработнику приходится для встречи с осведомителем заходить к нему в камеру, он всегда должен соблюдать необходимые меры предосторожности (не вести беседу громко, не оставлять своих окурков и других предметов в -камере). Надо учитывать, что заключенный, вернувшись с допроса в камеру, может все это обнаружить, и таким путем осведомитель будет расшифрован.

Несколько сложнее поддерживать связь в тюрьмах для подследственных, когда в камере содержится контингент заключенных, дела которых следствием закончены. В таком случае необходимо применять только те методы связи, которые обычно употребляются в тюрьмах ГУГБ для содержания осужденных, т. е. вызов осведомителя по поводу заявления или жалобы, вызов для направления на прием к врачу или для помещения в больницу, направление в карцер и т. д.

Учитывая, что формы связи с внутрикамерным осведомлением из числа заключенных, по делам которых следствие закончено, чрезвычайно ограничены, оперативные работники обязаны, применительно к местным условиям, изыскивать новые формы связи и проверять их действие на практике. При получении положительных результатов, они будут распространены на другие тюрьмы. Практика показывает, что хороший осведомитель из числа осужденных сам может изыскать и предложить наиболее безопасный способ связи.

Так, в одной из тюрем, осведомитель Х, получив ценные сведения, требующие срочной передачи оперативной части тюрьмы, и используя свою болезнь желудка, настолько естественно и удачно симулировал обострение болезни, что сами разрабатываемые заключенные, нарушая при этом правила внутреннего распорядка, подняли в камере большой шум, вызвали начальника тюрьмы, которого настойчиво стали упрашивать оказать немедленную медицинскую помощь «больному» и направить его в амбулаторию тюрьмы.

Другой осведомитель, из числа осужденных, предложил использовать для явок посещение кабинета зубного врача, приемы у которого, как было известно всей тюрьме, задерживались из-за перебоев в подаче электроэнергии для бормашины, в связи с чем заключенные очень часто в ожидании приема просиживали в приемной комнате зубоврачебного кабинета по 1—2 часа. Этот момент был использован оперчастью тюрьмы, и связь с осведомлением под видом вызова к зубному врачу не возбуждала никаких подозрений.

В некоторых тюрьмах в качестве повода для вызова на явку было использовано получение заключенными писем от родственников. До этого получаемые письма обычно передавались непосредственно надзорсоставом тюрьмы в камеры. Этот способ передачи писем в интересах оперативной работы был изменен, и заключенные, для ознакомления с письмами от родственников, стали по одному вызываться в комнату старшего по корпусу. Первыми были вызваны объекты разработки, а уже потом, когда эта практика стала общеизвестна, было приступлено к вызовам той части осведомления из числа осужденных, которая имела переписку со своими родственниками. Этот способ довольно удачно позволил расширить формы связи с осведомлением из числа осужденных.

Если осведомитель окажется на подозрении у сокамерников, необходимо практиковать вызовы к оперработнику под благовидным предлогом и других заключенных из этой камеры, чтобы рассеять подозрение. Подобного рода небольшие комбинации напрашиваются и определяются сами, если оперработнику достаточно известны взаимоотношения заключенных в камере.

Перейдем к основам руководства внутрикамерной агентурой.

Основные правила руководства внутрикамерным осведомлением и его воспитания заключаются в следующем:

а) привлекая заключенных для освещения сокамерников, оперативный работник не должен давать заключенному никаких обещаний о смягчении его участи в процессе следствия за совершенные им преступления;

б) не допускать ослабления режима в отношении к этому заключенному без специального на то разрешения вышестоящих начальников;

ГЛАВА ЧЕТВЕРТАЯ. АГЕНТУРНО-ОПЕРАТИВНАЯ РАБОТА

в) в целях предупреждения проникновения в осведомительную сеть двурушников с целью дезинформации, не давать завербованному заключенному понять общего объема задач нашей работы по заключенным. Для этого, как правило, необходимо давать ему задания на основе его же сообщений, умело направляя его на выявление вопросов, интересующих органы НКВД;

г) быть очень осторожным при ответах осведомителю на очень часто задаваемый вопрос: «Следует ли сообщать Вам о таких-то фактах, о таких-то арестованных?» Рекомендуется избегать прямого ответа на подобные вопросы, ограничиваясь только общим пожеланием иметь от него все сведения, которые он считает необходимым сообщить органам НКВД;

д) повседневно проверять, как ведет себя осведомитель в камере, не разгласил ли он состоявшийся с ним разговор, как он соблюдает режим, в каком состоянии находятся его личные взаимоотношения с сокамерниками вообще и с наиболее интересующими нас заключенными в частности.

После того, как заключенный завербован, необходимо от него требовать, чтобы он в своей работе выявлял все могущие интересовать органы НКВД сведения с исчерпывающей полнотой. Если, например, осведомитель узнал от разрабатываемого заключенного фамилии его соучастников, оставшихся на воле, то он должен, сближаясь с ним и войдя к нему в доверие, постараться выяснить факты антисоветской деятельности этих неразоблаченных участников контрреволюционной организации, при каких обстоятельствах они избегли ареста, их роль в контрреволюционной организации, какие они имеют поручения от руководства контрреволюционной организации в области дальнейшей антисоветской работы и т. д.

Строго соблюдая эти основные правила руководства внутрикамерной агентурой, необходимо добиваться, чтобы каждый осведомитель был не только регистратором того, что говорится и делается в камере. Это он, конечно, должен делать, но этого мало.

Следует настойчиво и кропотливо добиваться и того, чтобы каждый осведомитель тщательно и глубоко изучал свое окружение по камере и, определив наиболее интересного с оперативной точки зрения заключенного, настойчиво изыскивал бы лучшие формы подхода к нему.

Осведомитель должен наиболее полно выявить, что скрывает данный объект разработки от следствия и суда и каковы его планы и намерения.

Готовых рецептов наиболее рационального использования осведомления в каждом конкретном случае и подхода его к объекту разработки не существует. Все комбинаций подхода и подвода осведомителей к заключенным должны складываться на основе тщательного и глубокого изучения каждого объекта разработки в отдельности, условий и обстановки в камере, личных качеств агента, его надежности, взаимодействия агентурной работы со следственной и т. д.

Вот несколько примеров правильного подхода внутрикамерного осведомления к разрабатываемым заключенным.

Осведомитель «А», взяв под наблюдение заключенного «Н», сумел завоевать его доверие тем, что во время болезни этого заключенного он всячески за ним ухаживал. Это вызвало со стороны заключенного «Н» большое расположение к осведомителю, и после этого «Н» от общих разговоров перешел к беседам, на политические темы, рассказав о своих соучастниках, оставшихся не разоблаченными, фактах и способах связи с ними и о планах своей дальнейшей антисоветской работы.

В другом случае тот же осведомитель «А» иначе разрешил вопрос о подходе к одному из подследственных — участнику к.-р. право-троцкистской организации, заключенному «Р».

Будучи помещен в камеру первым, осведомитель «А» неприязненно встретил подследственного заключенного «Р», посаженного в эту камеру на следующий день, и неохотно отвечал на попытку «Р» завязать беседу. Через 2—3 дня «Р», после неоднократных попыток завязать беседу, спросил осведомителя «А», давно ли он сидит в тюрьме, за что арестован, как ведет себя на допросах. Осведомитель «А» как бы нехотя сказал, что он второй раз привлекается к судебной ответственности и поэтому имеет достаточный опыт, как вести себя на следствии и в тюрьме.

Вместе с этим осведомитель выразил неудовлетворение назойливостью собеседника, осторожно намекнув, что подобную «любознательность» довольно часто проявляют люди, находящиеся в

ГЛАВА ЧЕТВЕРТАЯ. АГЕНТУРНО-ОПЕРАТИВНАЯ РАБОТА

хороших отношениях со следователями. Заключенного «Р» это обидело, и он прекратил всякий разговор.

Заключенного «Р» волновали вопросы следствия, и он, будучи в нерешительности — давать ли ему показания о своей антисоветской деятельности или продолжать свое запирательство, искал повода посоветоваться об этом с своим сокамерником.

Поэтому он на 4 день пребывания в камере вновь возобновил разговор с осведомителем «А», начав уже не с расспросов, а с рассказа о том, что на него следствие «жмет», предъявляет ряд фактов, и он не в состоянии решить вопрос, что ему делать. С одной стороны, он не желает портить отношений со следствием и не хочет, чтобы его на очных ставках изобличали другие, ибо в этом случае он рискует получить значительно большее наказание. Но с другой стороны, он, будучи убежденным противником существующего строя, не желает выдавать всех своих соучастников и рассказывать о всех фактах их антисоветской деятельности.

Осведомитель «А» от каких-либо советов воздержался, заявив: «Вам виднее. В таких делах, не зная сущности вашего дела и того, что знает о вашей работе следствие, очень трудно давать какие-либо советы».

Видя, что заключенный «Р» сам о своем деле ничего не рассказывает, осведомитель «А» от расспросов воздержался, чувствуя в заключенном «Р» очень осторожного и подозрительно относящегося ко всему человека.

«Р» продержался еще два дня и затем, начав разговор с того, что он окончательно убедился в надежности своего сокамерника, стал рассказывать ему подробно о ходе следствия, о допросах, о своей тактике на следствии, о том, каких соучастников, какие факты своей антисоветской деятельности и почему он скрывает.

Все донесения осведомителя «А» о заключенном «Р» регулярно передавались следователю. В результате следствие пошло значительно быстрее, и через некоторое время «Р» дал развернутые показания о своей антисоветской деятельности и своих соучастниках.

Вот еще пример: в одной из тюрем содержался подследственный, обвиняемый в переходе государственной границы. Из его рассказов было известно только то, что он монах и является перебежчиком из Польши. Больше ничего он сокамерникам не рассказывал. По инициативе осведомителя, находившегося в этой камере, заключенные стали подшучивать над этим монахом. На замечание сокамерников, что он монах, а пришел молиться в страну, где не верят в бога, этот «монах» бросил реплику: «Я пришел сюда не молиться, а пришел уничтожать вредных людей». Таким путем была получена завязка для агентурной разработки террориста, переброшенного в нашу страну из-за кордона.

В другой тюрьме осведомитель «Ш», ведя наблюдение за двумя перебежчиками из Польши, установил с ними дружеские отношения и узнал, что они до перехода в СССР побывали в Германии, Чехословакии, Румынии, Франции и других странах Европы.

Для перепроверки сообщения «Ш», к этим 2 перебежчикам был подведен второй осведомитель — «Г», которому они рассказали примерно то же самое, что и «Ш». Однако ни одному из указанных осведомителей не удалось узнать, с заданиями какой именно разведки они прибыли на территорию СССР.

Тогда осведомитель «П», по заданию оперработника, постарался поссорить между собой перебежчиков. Во время ссоры один из них, угрожая, кричал другому: «Я тебе покажу, старый шпион». Этот момент был использован осведомителем, и последний, сблизившись с тем перебежчиком, который был назван «старым шпионом», узнал от него, что второй перебежчик одно время был связан с английской разведкой, а в последнее время работал для германской разведки. Оба шпиона были разоблачены.

Приведенные примеры показывают, что внутрикамерное осведомление нужно использовать возможно полнее. Там, где один осведомитель ничего не сможет сделать, нужно быстро принять меры к подысканию и вербовке второго осведомителя.

Если работу осведомителя затрудняет неподходящая обстановка или какой-либо заключенный, проводящий в камере «работу» по организации противодействия следствию и агитирующий за «молчание», то все эти препятствия нужно устранить, создав осведомителю условия для более успешной и интенсивной работы.

Как в тюрьмах для подследственных, так и в тюрьмах для осужденных каждый внутрикамерный осведомитель или агент должен одновременно с разработкой заключенных по специальным задани-

ГЛАВА ЧЕТВЕРТАЯ. АГЕНТУРНО-ОПЕРАТИВНАЯ РАБОТА

ям освещать также и вопросы обеспечения охраны, режима и изоляции в тюрьмах.

Как бы идеально не относился надзорсостав к несению своей службы, тем не менее он, обслуживая ряд камер, не всегда может предупредить те или иные действия заключенных по нарушению тюремного режима и по организации междукамерной связи и связи с волей. Кроме этого, есть ряд возможностей, используемых заключенными, которые совершенно недоступны наблюдению надзирателя (встреча одноделыцев в автомашине для заключенных во время перевозок на допрос, связь между однодельцами через сокамерников, встречающихся в больнице и т. д.).

Поэтому, для более полного выявления всех форм и фактов нарушения изоляции, режима и охраны, должно быть в полной мере использовано все внутрикамерное осведомление. Через него следует выявлять попытки связи с волей, подготовки к побегу, случаи внутрикамерного бандитизма и пр.

В этой области осведомление также должно инструктироваться систематически и повседневно.

Одним из ответственных моментов в работе с осведомлением из числа заключенных является перепроверка агентурных материалов.

> *«Особое внимание должно уделяться перепроверке материалов, получаемых от осведомления по подследственным заключенным. Нужно постоянно иметь в виду, что озлобленные неразоружившиеся враги народа могут проникнуть в нашу сеть, дезинформировать нас в отношении разрабатываемых заключенных, оговаривать невиновных людей, находящихся на воле, стремясь продолжать этим борьбу с нами.*
>
> *К перепроверке получаемых от осведомления (агентуры) данных поэтому нужно относиться со всей серьезностью.*
>
> *С выявленными дезинформаторами и двурушниками надлежит немедленно прекращать связь, исключать их из сети и переводить в одиночку.*

(Из инструкции, приложенной к приказу НКВД СССР № 00653 от 7 июня 1939 года)».

Двурушников и провокаторов надлежит привлекать к уголовной ответственности, дела на их передавать в Особое Совещание НКВД.

Изложенные выше указания в ранной степени обязательны для оперработников, ведущих агентурную работу среди заключенных, содержащихся в тюрьмах для осужденных.

Там, где нет перепроверки материалов, получаемых от внутрикамерного осведомления и где оперативный работник принимает всякое агентурное донесение на веру, без всякого критического анализа, там во многих случаях враги используют это для дезинформации. Об этом говорят следующие факты: осведомитель «Х», из числа осужденных, разрабатывая своего сокамерника «Н», дал материалы о том что, якобы, «Н» рассказывал ему о группе своих соучастников, оставшихся неразоблаченными на воле и продолжающих антисоветскую деятельность на одном из участков железной дороги.

Когда же дело дошло до расследования, то «Х» сознался в том, что все даваемые им многочисленные донесения о, якобы, неразоблаченных диверсантах от начала до конца являются вымыслом и клеветой на ни в чем неповинных людей.

Разумеется, можно было бы в самом начале разоблачить клеветнические вымыслы этого дезинформатора, если бы даваемые им на протяжении 7 месяцев материалы перепроверялись через другого осведомителя.

Другой осведомитель — «Б» обычно на второй день после перевода нового подследственного заключенного в его камеру давал обширные материалы о соучастниках этого заключенного, оставшихся, якобы, неразоблаченными.

После ввода в эту камеру второго осведомителя для перепроверки выяснилось, что «Б» всякого вновь прибывшего заключенного в камеру подробно расспрашивал о его знакомых, родственниках, их месте службы, производственной деятельности, адресах и т. д. На основе полученного таким образом «материала» он и фабриковал свои «агентурные донесения».

Проверка и перепроверка получаемых материалов должна проводиться непрерывно с первых же дней работы каждого осведомителя. В сообщениях осведомителей совершенно недопустимы туманные, ничего не говорящие или двусмысленные фразы. Надо требовать, чтобы осведомитель ясно, четко и, самое главное, объективно излагал свои донесения, описывая только факты, имевшие место в действительности, и не засорял сообщение общими предположениями.

Критическое отношение оперработника к донесениям заставляет в свою очередь и осведомителя подходить критически к разговорам в камере и фиксировать наиболее нужное и ценное.

Перепроверка получаемых от осведомления агентурных материалов в условиях тюрьмы в основном должна вестись через других параллельных осведомителей, находящихся в тех же камерах, где находятся и первоисточники. В редких случаях разговор между двумя заключенными остается неуслышанным одним или двумя другими их сокамерниками. Поэтому, при наличии в камере двух осведомителей, можно установить, действительно ли заключенный «X» рассказывал осведомителю «А» о своей антисоветской деятельности и называл своих соучастников.

В практике работы часто бывает, что помимо осведомителя, сообщающего очень важные факты об антисоветской деятельности заключенного, другого осведомителя в камере нет. В этом случае необходимо подвести второго проверенного осведомителя путем перевода его в эту камеру или скомплектовать новую камеру (в зависимости от обстоятельств), куда поместить разрабатываемого заключенного-осведомителя, работающего над ним, и второго осведомителя для перепроверки. С целью законспирирования второго осведомителя можно еще ввести в эту камеру одного или двух заключенных.

Руководя осведомлением, нужно умело и правильно направлять его на наиболее важные участки работы для разработки тех подследственных заключенных, которые по требованию работников, ведущих следствие, подлежат разработке в первую очередь.

Некоторые тюремные отделы, в зависимости от запросов следствия, практикуют переброску отдельных осведомителей из одной тюрьмы в другую, где нет достаточно сильной и проверенной агентуры, но где появились очень важные заключенные, требующие агентурной разработки. Во многих случаях, когда к этому вопросу относятся серьезно и продуманно, такая практика давала весьма положительные и ценные результаты . Наряду с этим зафиксированы случаи, когда перебрасывание недостаточно изученного и проверенного осведомления способствовало междукамерной связи, причиняя значительный вред следствию. Переброску осведомителей из камеры в камеру и, в случаях особой надобности, из одной тюрьмы в другую можно практиковать в интересах усиления разработки наиболее важных заключеных. Но необходимо взяты за правило перебрасывать только проверенную и надежную агентуру и в каждом отдельном случае .с разрешения руководства НКВД/УНКВД. Для разработки подследственных заключенных можно в отделыных случаях использовать в подследственных тюрьмах и тех осведомителей из числа заключеных, следствие в отношении которых закончено и которые ожидают отправки в тюрьмы для осужденных или в исправительно-трудовые лагери. Таких осведомителей можно, с согласия руководства НКВД/УНКВД, оставлять на один—два месяца в общей тюрьме, задерживая их этапирование. Перевод проверенной и способной агентуры из тюрьмы в тюрьму и из камеры в камеру в тюрьмах ГУГБ для содержания осужденных производится с ведома Главного тюремного управления НКВД.

Весьма серьезное значение в условиях тюрьмы приобретает вопрос, где и как должны приниматься агентурные донесения от внутрикамерной агентуры.

Агентурное донесение осведомителем-заключенным должно писаться только в присутствии оперативного сотрудника тюрьмы. Нельзя допускать того, чтобы осведомители писали свои донесения в камерах. В этом случае провал неизбежен.

В одной из тюрем практиковался такой порочный способ получения донесений от внутрикамерного осведомления. Осведомитель, находясь в общей камере вместе с другими заключенными, здесь же писал свои донесения, затем вкладывал их в выданную ему из тюремной библиотеки книгу, а последнюю прятал под свою коечную подушку. Во время дневной прогулки, когда всех заключенных выводили из камеры, туда являлся оперсотрудник тюрьмы, брал из книги донесение, а на его месте в книге оставлял лист чистой бумаги для написания следующего очередного донесения. Этот горе-оперработник месяцами не встречался со своим осведомителем, не инструктировал его и не давал ему в работе нужного направления, качество донесений было очень низко, не говоря уже о явной угрозе провала

ГЛАВА ЧЕТВЕРТАЯ. АГЕНТУРНО-ОПЕРАТИВНАЯ РАБОТА

осведомителя. Поэтому всякий оперативный работник, имеющий у себя на связи внутрикамерную агентуру, при встрече с ней обязан каждое донесение выслушать в устном изложении, уточнить материал беседы рядом вопросов, а затем уже предложить написать материалы донесения.

Всякое агентурное донесение, по возможности, должно излагаться кратко, разборчиво, понятно. Факты, описываемые в агентурном донесении, должны быть изложены с абсолютной объективностью — они не должны быть ни преувеличены, ни преуменьшены, ни приукрашены, ни затушеваны. В агентурных донесениях недопустимы никакие искажения, которые могли бы дезориентировать или дезинформировать оперативный аппарат. Надо также всякому оперативному работнику тюрьмы взять за правило — не отпускать осведомителя от себя, не проинструктировав и не дав ему конкретного задания. Это его приучает к дисциплине и прививает ему чувство ответственности.

Практика отмечает случаи, когда осведомители стараются взять инициативу в свои руки, начинают давать советы оперработнику тюрьмы и т. д. В результате малоопытный оперативный работник подпадает под влияние осведомителя и идет на поводу у последнего. Во избежание этого оперативному работнику надлежит не выпускать инициативы из своих рук и строго анализировать действия осведомителя. Это не значит, конечно, что нужно убивать инициативу осведомителя, но надо поставить его на свое место, приучить его к дисциплине, к точному выполнению поручений.

Никогда нельзя требовать от внутрикамерного осведомителя выполнения заданий путем обещаний особой «награды», так как в этом случае с его стороны можно ожидать провокации. Одинаково не следует давать заданий, выполнение которых не под силу данному осведомителю. В этом случае осведомитель обычно нервничает и, ради выполнения задания, совершает грубые ошибки, зачастую при этом расшифровывая себя.

Наиболее ценное осведомление из числа заключенных, разумеется, необходимо поощрять денежным вознаграждением.

Размер вознаграждения определяется начальником тюрьмы.

Деньги не выдаются на руки осведомителю, а перечисляются на его личный счет. На эти деньги осведомитель может приобретать в тюремном ларьке необходимые ему продукты.

Об осведомителях, давших особо-ценные материалы, рекомендуется докладывать руководству НКВД/УНКВД и сообщать в Главное тюремное управление.

Использование материалов, получаемых от внутрикамерного осведомления

Агентурные донесения, поступающие от внутрикамерного осведомления, после определения их характера и ценности реализуются в следующем порядке:

а) донесения о фактах преступной деятельности и связях с к.-р. подпольем подследственных заключенных, числящихся за следственными частями или оперативными отделами НКВД/УНКВД, немедленно направляются в подлинниках в отделы (части), за которыми числятся заключенные;

б) донесения о фактах преступной деятельности подследственных заключенных, числящихся за прокуратурой, милицией, нарследователями, докладываются руководству НКВД/УНКВД для получения соответствующих указаний о реализации этих материалов;

в) таким же -образом (как это указано в пункте «б») реализуются агентурные донесения на осужденных заключенных, продолжающих содержаться по каким-либо причинам в тюрьмах для подследственных;

г) донесения на срочно заключенных, содержащихся в тюрьмах ГУГБ, высылаются рабочими сводками в Главное тюремное управление НКВД СССР для получения соответствующих указаний;

д) донесения, вскрывающие нарушения режима, охраны и изоляции, реализуются на месте начальником тюрьмы принятием соответствующих мер;

е) особо важные донесения (о неразоблаченных к.-р. формированиях, о готовящихся террористических актах, о подготовке восстания или бунта в тюрьме, побега из тюрьмы и т. д.) немедленно докладываются руководству НКВД/УНКВД и Главному тюремному управлению.

Одновременно начальник тюрьмы и начальник тюремного отдела (отделения) принимает срочные и решительные меры к предотвращению преступных намерений заключенных.

Оперативный учет

Оперативный учет — неотъемлемое звено общей системы агентурно-оперативной работы, и он, по сути дела, определяет степень организованности и четкости в работе.

Общими задачами оперативного учета в каждой тюрьме является обеспечение:

а) полных и всегда точных данных о наличии агентуры, ее работоспособности, личных и деловых ее качеств;

б) точных данных о наличии заключенных по составу преступлений, с указанием наиболее важных с оперативной точки зрения.

Значение оперативного учета огромно. Без него не может быть правильно организованной агентурно-оперативной работы. При отсутствии данных, например, о наличии заключенных по составу преступлений, с указанием наиболее важных из них, невозможно правильно расставить, а значит использовать и правильно руководить работой осведомительной сети. Отсутствие хорошо организованного учета приводит к тому, что отдельные заключенные, представляющие исключительный интерес, зачастую совершенно не разрабатываются, все внимание ценных осведомителей направляется на второстепенных заключенных; весьма ценные материалы, ввиду отсутствия оперативного учета, очень часто лежат без движения — не разрабатываются.

Без наличия, например, полных данных об осведомителе, его личных качеств, надежности, его связей по камере нельзя им правильно руководить.

Без налаженного оперативного учета и контроля не может быть своевременного выполнения заданий, приказов и распоряжений центра и вообще не может быть правильного руководства всей агентурно-оперативной работой. Поэтому учет и контроль исполнения должны стоять на первом месте.

Порядок оперативного учета следующий:

Внутрикамерные осведомители из числа заключенных, находящихся под следствием (так называемые «заявители»), вносятся в специально заведенную в оперативных частях тюрем книгу под названием «Список следственных заключенных особого назначения».

В эту книгу необходимо вносить на каждого осведомителя (заявителя) следующие сведении: №№ по порядку, имя, отчество, фамилию, № следственного дела, за каким отделом числится, кем завербован, дата вербовки, характеристика, куда убыл и когда, № тома и №№ страниц, где подшиты подлинники агентурных донесений (если подлинники агентурных донесений направлены в оперативный отдел, то они заменяются справками с кратким изложением существа донесений).

Это осведомление, как правило, на картотеку не берется до тех пор, пока не станет известным, что тот или другой заявитель осужден и получил срок наказания.

После этого его вербовка оформляется в общем порядке как и на осужденных, содержащихся в тюрьмах ГУГБ для осужденных. Личные дела на осведомителей-заявителей не заводятся. Подлинники донесений - заявлений или направляются в оперативный отдел НКВД, ведущий дело заключенного, или подшиваются в хронологическом порядке в общую палку с подлинными донесениями заявителей (это касается тех донесший, в которых указывается о нарушении тюремного режима, изоляции и пр.).

Все осведомители из числа осужденных заключенных после оформления вербовки подпиской берутся на картотечный учет оперчастью тюрьмы.

На каждого осведомителя из числа осужденных заключенных заводится личное и рабочее дела. В личном деле должны быть материалы, послужившие основанием для вербовки (санкции на вербовку, подписка, автобиография, связи по камере, копия приговора, копия меморандума, лист учета явок и деловая характеристика). Деловая характеристика о работе составляется регулярно каждые шесть месяцев,

В рабочее дело подшиваются в хронологическом порядке все подлинники агентурных донесений, за исключением тех, которые ввиду особой важности и срочности немедленно но их получении высылаются руководству НКВД/УНКВД. Вместо этих подлинников донесений, в рабочее дело вкладываются справки с кратким изложением сущности донесения и указанием, когда, за каким № и на чье имя

ГЛАВА ЧЕТВЕРТАЯ. АГЕНТУРНО-ОПЕРАТИВНАЯ РАБОТА

выслан подлинный документ. По выбытии осведомителя из тюрьмы личное дело направляется по новому его местонахождению. Рабочее дело хранится в оперативной части той тюрьмы, пребывая в которой осведомитель давал донесения.

Учет разрабатываемых заключенных ведется только в отношении осужденных (агентурные донесения на подследственных передаются в оперативные отделы, где они приобщаются к имеющимся там агентурным делам, вследствие чего все проходящие по донесениям лица включаются в учет оперативного отдела). На картотечный учет в алфавитном порядке берутся все осужденные, которые проходят по делам-формулярам и агентурным разработкам.

Картотека этого учета хранится в оперчасти тюрьмы.

В тюремных отделах НКВД/УНКВД и в 1 отделе Главного тюремного управления НКВД СССР проводится учет разрабатываемого элемента по контрольным делам.

По каждой агентурной разработке необходимо иметь список заключенных, проходящих по делу.

В списке должны быть указаны: фамилия, имя и отчество, возраст, срок наказания, ст. УК, по которой осужден, занимаемое им положение в разрабатываемой контрреволюционной группе (руководитель группы, участник и т. д.).

Каждая агентурная разработка должна иметь план агентурных мероприятий, утверждаемый, в отношении осужденных, содержащихся в тюрьмах для подследственных, начальником Тюремного отдела и, в отношении заключенных, содержащихся в тюрьмах ГУГБ для осужденных — начальником 1 отдела Главного тюремного управления НКВД СССР.

В целях более полной ориентировки оперчасть каждой тюрьмы должна иметь точные сведения о наличии заключенных и составе их преступлений. Эти сведения должны содержать, примерно, следующие данные:

Общее количество заключенных по тюрьме и по каждой общей камере, из них:

а) обвиняемых в контрреволюционных преступлениях (право-троцкистов, террористов, шпионов, эсеров, меньшевиков и участников других видов к.-р. подполья);

б) обвиняемых в преступлениях уголовного характера (бандитов, расхитителей социалистической собственности, аферистов, «бытовиков», малолетних преступников и прочих обвиняемых в различных уголовных преступлениях).

Помимо этих данных учета, необходимо иметь еще также и список наиболее важных, с оперативной точки зрения, фигур, подлежащих активной разработке в первую очередь.

Наличие порядка в оперативном учете и хорошо организованный контроль исполнения будут в значительной степени способствовать улучшению и правильному налаживанию агентурно-оперативной работы среди заключенных в тюрьмах НКВД.

Следственная работа по делам заключенных, возникающим в тюрьме

Вся следственная работа тюремных отделов (отделений) и тюрем ГУГБ по заключенным должна проводиться в строгом соответствии с действующими приказами НКВД СССР №№ 762 1938 года и 00555 1939 года.

Перед освобождением каждого заключенного, отбывшего срок наказания, начальник тюрьмы обязан лично проверить отсутствие компрометирующих материалов, могущих послужить препятствием к освобождению.

В отношении заключенных, на которых во время их пребывания в тюрьме получены новые компрометирующие материалы, достаточные для привлечения их вновь к уголовной ответственности, начальник тюрьмы обязан представить мотивированное постановление на утверждение Народному комиссару внутренних дел соответствующей союзной и автономной республики или начальнику УНКВД края (области) в соответствии с приказом НКВД СССР № 00555 от 17 мая 1939 года.

Порядок проведения следствия в тюрьмах ГУГБ для содержания осужденных (по представленным постановлениям) определяется указаниями соответствующего Наркома союзной, автономной республики или начальника УНКВД.

Имеющиеся в тюрьмах компрометирующие материалы на подлежащих освобождению заключенных, недостаточные для при-

ГЛАВА ЧЕТВЕРТАЯ. АГЕНТУРНО-ОПЕРАТИВНАЯ РАБОТА

влечения проходящих по ним лиц к уголовной ответственности, направляются одновременно с освобождением заключенного в соответствующий орган НКВД по местожительству, избранному этим заключенным.

Во многих случаях оперативные работники вскрывают факты преступной деятельности заключенных из числа осужденных за бытовые и уголовные преступления, которые не находятся на тюремном режиме, а используются в тюрьмах на хозяйственных работах.

Находясь в условиях совершенно другого режима (лагерного) и пользуясь почти бесконвойным хождением по всей территории тюрьмы, некоторые из числа этих осужденных в той или иной форме проводят антисоветскую деятельность, занимаются камерным бандитизмом, воровством из тюремных кладовых и т. д.

Следственные дела на этих заключенных оформляются в, обычном (как и всякое следственное дело) порядке.

Если возникает надобность в изоляции такого осужденного (т. е. в переводе его на тюремный режим), составляется постановление о мере пресечения, и только после санкции прокурора заключенный переводится на тюремный режим в следственный корпус тюрьмы.

Следствие по вскрытым делам об антисоветской деятельности заключенных ведется оперативными отделами или следственной частью по указанию руководства НКВД/ УНКВД.

Предварительное расследование (дознание) других преступлений уголовного порядка ведется оперативной частью тюрьмы и затем передается прокурору, наблюдающему за данной тюрьмой, для дальнейшего направления.

ГЛАВА ПЯТАЯ. ОХРАНА ТЮРЕМ

Организация охраны

Под организацией охраны тюрьмы нужно понимать такое построение охраны, которое предупреждало бы побег заключенных из тюрьмы и исключало бы возможность проникновения в тюрьму как посторонних лиц, так и предметов, могущих быть использованными заключенными для осуществления побега.

Охрана тюрьмы слагается из ряда предупредительных мер, которые не только обеспечивают успешное окарауливание заключенных, но и заранее предотвращают всякие попытки заключенных к побегу и нарушению ими установленного тюремного режима.

К таким мерам относятся:

а) оперативное обслуживание (о котором подробно сказано в предыдущих главах);

б) наружная охрана;

в) внутренний тюремный надзор;

г) технические средства охраны (особое устройство и оборудование тюрьмы, предупреждающее побег заключенных).

Наружная охрана

Наружная охрана состоит из надзирателей, вооруженных винтовками и расставленных на вышках ограды тюрьмы, и надзирателя, привратника поста главных ворот тюрьмы, вооруженного револьвером. В тюрьме, в зависимости от ее устройства и размера, на вышках обычно выставляется до 1 до 8 постов. Особое устройство вышки, возвышающейся над оградой тюрьмы, позволяет надзирателю, наблюдающему по периметру ограды, хорошо видеть всех лиц, пытающихся проникнуть за ограду как изнутри тюрьмы, так и извне ее.

По периметру ограды с наружной и внутренней стороны устанавливается запретная зона, ширина которой по условиям местности может быть от 2 до 5 метров. С внешней и внутренней стороны огра-

ГЛАВА ПЯТАЯ. ОХРАНА ТЮРЕМ

ды устраивается рефлекторное освещение. Каждый наружный пост связан сигнализацией с комнатой дежурного помощника начальника тюрьмы.

Основной обязанностью надзирателя на наружном посту является предупреждение как побега заключенных из тюрьмы, так и проникновения в тюрьму подозрительных лиц. На посту надзиратель обязан применять оружие в порядке, предусмотренном уставом караульной службы. Надзиратель не имеет права оставлять своего поста до смены или снятия с поста. По условиям службы рабочий день надзирателя определен в 8 часов. Но так как надзиратель не может быть на наружном посту беспрерывно в течение 8 часов, особенно зимой или летом в очень жаркую погоду, поэтому во время дежурства производится подмена надзирателя для отдыха и принятия пищи. Эта подмена производится в порядке смены часовых, установленном уставом караульной службы.

Основная обязанность надзирателя, привратника поста главных ворот тюрьмы, та же, что и надзирателя поста на вышке, т. е. предупреждение побега заключенных и проникновения в тюрьму подозрительных лиц. Вместе с тем имеется отличие в обязанностях. На надзирателя-привратника возлагается проверка пропусков входящих и выводящих из тюрьмы лиц; впуск и выпуск из тюрьмы конвоя заключенные, автотранспорта; количественный учет заключенных, прибывающих в тюрьму и убывающих из нее. Учет заключенных, производимый надзирателем-привратником, необходим для контроля при общей проводимой в тюрьме проверке заключенных.

В части тюрем (главным образом в тюрьмах ГУГБ и внутренних тюрьмах НКВД/УНКВД) наружную охрану на вышках несет войсковой караул конвойных войск, который во всех своих действиях руководствуется уставом караульной службы. Начальник караула в оперативном отношении подчиняется начальнику тюрьмы и дежурному помощнику начальника тюрьмы.

Внутренний тюремный надзор

Внутренний тюремный надзор осуществляется надзирателями, выставленными на посты у камер и у входа в тюремные корпуса (этажи), а в больших тюрьмах также и возглавляющим группу постов старшим по корпусу. Под охрану одного надзирателя дается не более 15 общих или 20 одиночных камер. У камер, в которых содержатся заключенные, приговоренные к высшей мере наказания, выставляется специальный пост. В этих случаях под охрану одного надзирателя может быть дано не более 3—4 смежных камер. На посты у камер, в которых содержатся заключенные женщины, могут назначаться только женщины-надзирательницы.

Внутренний тюремный надзор является как бы первой линией охраны, и всякая попытка бунта или побега заключенных должна быть прежде всего предупреждена здесь. Каждый надзиратель поста должен владеть методом самозащиты без оружия (так называемым «САМБО»), единственным для него, в данном случае, методом защиты, так как он, находясь на посту внутри тюрьмы, оружия при себе не имеет. Это делается для того, чтобы заключенные не могли получить в свои руки оружия, обезоружив надзирателя. Вход в тюремный корпус с оружием кому бы то ни было, в там числе и начальствующему составу тюрьмы, инспектирующим тюрьму лицам, прокурорам и следователям, категорически запрещен. Перед разводом на внутренние посты у надзирателей нужно обязательно отбирать удостоверения личности (пропуска) на вход в тюрьму. Это делается для того, чтобы не допустить впредь имевших место в практике случаев, когда заключенные совершали нападение на надзирателя, переодевались в его одежду, отбирали удостоверение и таким путем совершали побег из тюрьмы. Каждый внутренний пост должен быть обязательно связан двухсторонней сигнализацией с комнатой дежурного помощника начальника тюрьмы, чтобы надзиратель, в случае нападения на него или неподчинения и бунта заключенных, имел возможность немедленно подать сигнал тревоги дежурному помощнику начальника тюрьмы.

Основная обязанность надзирателя у камер состоит в непрерывном наблюдении за поведением заключенных через «глазки». Задачей наблюдения является: предупреждение побега или неподчинения заключенных; соблюдение заключенными правил установленного тюремного режима; соблюдение изоляции заключенных от воли и от связи с заключенными других камер; предупреждение попыток самоубийства со стороны отдельных заключенных. Надзиратель не имеет права оставить своего поста до смены или подмены его другим надзирателем. Во время дежурства надзиратель подменяется только на 20 минут для принятия пищи.

Основной обязанностью надзирателя у входа в тюремный корпус (этаж) является проверка лиц, проходящих через пост, пропускаются только тех из них, кто имеет право входа в тюремный корпус согласно инструкции.

В обязанность старшего по корпусу входит контроль и проверка несения службы подчиненными ему надзирателями внутренних постов его корпуса и выполнение всех других обязанностей, возлагаемых на него инструкцией. Специальной подробной инструкцией определяются также обязанности всех других, не упомянутых здесь, должностных лиц тюремного надзора, К составу внутреннего тюремного надзора, помимо указанных выше лиц, относятся также надзиратели по производству обысков и надзиратели-конвоиры, конвоирующие заключенных внутри ограды тюрьмы.

Технические средства охраны

Выше отмечено, что под техническими средствам охраны подразумевается особое техническое устройство тюрем, тюремных корпусов, камер, прогулочных больниц и карцеров, предупреждающее возможность побега заключенных и обеспечивающее ведение надзора за заключенными, за проведением установленного тюремного режима, изоляции и охраны, о чем подробно будет сказано в VIII главе учебника.

Сюда же должна быть отнесена и пожарная охрана. Каждый надзиратель должен уметь, в случаях необходимости, применять огнегасительные средства, независимо от того, что, например, в больших тюрьмах выставляются специальные дежурные посты пожарных.

Нужно также указать, что в известных случаях при массовом бунте или беспорядке заключенных, во-время умело примененная струя воды из пожарного ствола может явиться хорошим средством к прекращению беспорядка. Знакомство надзирателей с пожарной техникой и способами применения огнегасительных средств производится в организуемых пожарных дружинах.

Большое значение имеют устройства, предупреждающие возможность самоубийства отдельных заключенных (к примеру, закрытие щитами батарей центрального отопления в камерах, перекрытие лестничных переплетов предохранительными сетками и т. д).

Проверка тюрем

Проверка заключенных (количественный подсчет) делается для того, чтобы путем сверки прибытия, выбытия и наличия заключенных можно было обнаружить побег заключенного, если побег никем не был замечен.

Проверка производится каждой сменой во время сдачи — приема дежурства. Проверяющие (принимающий и сдающий дежурство старший по корпусу или надзиратель) подсчитывают наличное число заключенных по камерам. Полученные данные передаются дежурному помощнику начальника тюрьмы, который производит сверку наличия заключенных по тюрьме в целом с учетом убыли и прибыли и результаты фиксирует и находящейся у него специальной книге проверки заключенных.

ГЛАВА ШЕСТАЯ. САНИТАРНАЯ РАБОТА В ТЮРЬМЕ

Общие задачи санитарной работы

Санитарное обеспечение тюрем проводится по трем основным направлениям:
  а) санитарно-профилактическая работа,
  б) лечебная работа,
  в) медицинская экспертиза.

Основная задача санитарно-профилактической работы — не допустить возникновения и распространения инфекционных заболеваний.

В задачу лечебной работы входит быстрейшее восстановление здоровья больного заключенного. Лечению подлежат в первую очередь (за исключением случаев неотложной помощи) те заключенные, из-за болезни которых было приостановлено следствие. В интересах последнего санитарная служба использует все имеющиеся в ее распоряжении возможности; привлекает консультантов-специалистов, применяет усовершенствованные методы лечения и т. д. В остальных случаях лечение проводится в основном симптоматическое. Тюремные врачи должны быть универсальными врачами, типа участковых врачей, умеющих знание и опыт и готовых в любую минуту оказать необходимую врачебную помощь по любым видам заболеваний. Тенденция некоторых врачей укрыться за узкой специальностью, в условиях тюрьмы, недопустима.

Среди заключенных развито стремление попасть на прием к врачу, перевестись в больницу, чтобы увидеть заключенных других камер, оставить о себе знак и таким путем облегчить свою борьбу со следствием или для того, чтобы получить улучшенное питание и т. д. Для этой цели заключенные «находят» у себя различные хронические заболевания многолетней давности, трудно или совсем не поддающиеся лечению. Поэтому все хронические заболевания вяло протекающие, не прогрессирующие, имеющие бедный объективный симптомокомплекс, не могут быть предметом медицинского вмешательства. Нецелесообразно делать операцию заключенному, имеющему незлокачественную опухоль или какую-либо другую хроническую болезнь, как-то: грыжу, водянку яичек и т. п. Нет оснований лечить компенсированный порок сердца, хронический бронхит, вставлять 2—3 зуба и т. д. Необходимо также отказаться от лечения заключенных различными медикаментами по любому поводу. Этим может быть нанесен серьезный вред следствию.

Тюремному врачу всегда надо помнить, что враги народа могут использовать любой неосторожный его шаг. Иногда врач, осматривая заключенного, записавшегося к нему на прием с неопределенными жалобами, ничего не находят из того, на что жалуется заключенный, говорит ему: «Здесь у вас ничего нет, а вот здесь немного не в порядке».

На первый взгляд слова врача не представляют особого значения, но враг этим немедленно воспользуется. Он уже смело козыряет новой «болезнью» и ведет упорную борьбу со следствием, козыряя этой «болезнью», которой до разговора со словоохотливым врачом он никогда не подозревал у себя.

У некоторой части наиболее опасных преступников есть и обратная тенденция — скрыть свое заболевание от врачей, довести свое здоровье до упадка сил, приблизить себя к развязке с жизнью, т. е. своеобразным способом покончить жизнь самоубийством.

В целях самоубийства отдельные заключенные проявляют исключительную изобретательность, используя для этого малейшую оплошность тюремных работников. В лечебных учреждениях тюрьмы необходимо принимать все меры к устранению условий, облегчающих самоубийство или попытку к нему. Медикаменты, бинты, колющие и режущие инструменты не должны храниться открыто на столах в кабинетах и амбулаториях, где бывают заключенные.

Большое место в санитарном обеспечении тюрем занимает экспертиза душевных и других больных. Особенно изворотливые враги народа, будучи еще на свободе, начинают себя готовить к симуляции психического больного. Они подробно изучают учебники по психиатрии, обращаются к районным и областным психиатрам, даже попадают на некоторое время в психиатрическую больницу; а после ареста упорно симулируют душевное заболевание. Своевременно распознать такого врага и передать его в руки правосудия является задачей каждого тюремного врача-

Правильно организованная санитарная служба в тюрьмах является хорошим помощником следственных органов и тюремной администрации.

Особенности санитарно-профилактической работы по предупреждению заболеваемости среди заключенных

Санитарно-профилактическая работа в тюрьмах является основой всей санитарной службы. Помимо общих задач всякой санитарной службы в деле поддержания образцовой чистоты и порядка в тюремных корпусах и подсобных помещениях, тюремный медицинский работник никогда не должен забывать специфичности обстановки в тюрьмах, которая делает заключенных восприимчивыми к инфекционным заболеваниям — скарлатина, дифтерия, потница и др. Инфекционные заболевания, прежде всего, являются результатом скученности в камерах, напряженного нервно-психического состояния заключенных, их бездеятельности, недостаточной вентиляции камер и т. п. Поэтому необходимо с особой тщательностью и особой требовательностью относиться к выполнению санитарно-профилактических мероприятий в тюрьме. Медицинский работник тюрьмы должен быть в курсе движения всех заразных заболеваний в районах, прилегающих к тюрьме. Зная заболеваемость районов, откуда поступают заключенные, он может принимать необходимые противоэпидемические мероприятия.

Санитарно-профилактическая работа над заключенными начинается немедленно по прибытии их в тюрьму. Если арестованный доставлен в тюрьму больным, его немедленно кладут в тюремную больницу. Здоровых подвергают тщательной санитарной обработке — стрижке волос, мытью в бане или под душем. Обязательна дезинфекция всех личных вещей заключенного. Только пройдя санобработку, заключенный может быть помещен в камеру. Тюремная баня или душевая должна быть обязательно пропускного типа, а не туалетного, с хорошей бесперебойно работающей дезокамерой. Во избежание умышленных ожогов заключенных, душевые и бани должны иметь приток смешанной, готовой для мытья воды. Управление смесителем должно производиться работниками тюрьмы. Парикмахерская должна находиться в непосредственной близости от раздевальни бани, так как стрижку заключенных целесообразно производить перед мытьем в бане. В случае обнаружения лобковой вшивости, стрижке подвергаются и волосы на лобковых частях. Для стрижки волос применяются только машинки. Применение ножниц и брит запрещается. Стрижку ногтей целесообразно производить также в парикмахерской ножницами с тупыми короткими браншами или маникюрными кусачками.

Общепредупредительная карантинизация вновь прибывающих заключенных, имеющая целью недопущение проникновения в тюрьму остро заразных заболеваний возможна лишь тогда, когда для карантина отводится достаточное количество небольших (на 2 4 места) изолированных камер и если срок карантина строго выдерживается, а заключенных не переводят из камеры а камеру и не выводят на допросы. Во всех остальных случаях карантин себя не оправдывает, а только мешает нормальной работе тюрьмы, особенно, если основная масса тюремных камер одиночного типа, а под карантин отводятся общие камеры большой емкости.

Благодаря значительной текучести заключенных в тюрьмах для подследственных, санитарной службе технически очень трудно проводить трехкратные прививки жидкой вакциной против брюшного тифн- паратифа всем вновь прибывающим заключенным. Поэтому прививки проводятся таблетированной вакциной по Безредко, п одной таблетке 3 дня подряд. Прививки жидкой вакциной производятся трехкратно через каждые 5 дней во время карантина заключенных. Необходимо строго учитывать, что одное и двукратные прививки необходимого иммунитета не вырабатывают.

При эпидемическом неблагополучии и районах, откуда поступают арестованные, а также при возникновении инфекционного заболевания в тюрьме устанавливается карантин на срок инкубационного периода заболевании. Например: при брюшном тифе — 12 дней, при дизентерии — 6 дней, сыпном тифе — 21 день и т. д. Карантин объявляется приказом по тюрьме, и нарушить его можно только в случае неподтверждения диагноза. Карантинизированные должны находиться под постоянным врачебным наблюдением. Если позволяют местные условии, они должны пользоваться отдельными от

ГЛАВА ШЕСТАЯ. САНИТАРНАЯ РАБОТА

остальных арестованных уборной и прогулочным двором. При отсутствии таких возможностей, оправка карантинизированых проводится в общих уборных после оправки всей тюрьмы с последующей влажной дезинфекцией уборной. Если нельзя выделить отдельный прогулочный двор, заключенные, находящиеся в карантине, не выводятся на прогулку на время карантина. Если при карантине нет отдельной душеной, они проходят текущую санитарную обработку после санобработки заключенных всей тюрьмы.

При контактной и капельной инфекциях за каждым заключенным персонально должна закрепляться обеденная и чайная посуда. Посуда карантинизированых после употребления подвергается дезинфекции кипячением, паром или погружением на 5 минут в раствор хлорной извести. По окончании срока карантина все заключенные подвергаются медицинскому осмотру, пропускаются через санобработку, а камеры, в которых они отбывали карантин, подвергаются влажной дезинфекции, после чего заключенные переводятся на общий режим.

Исключительное по своей важности значение приобретает строгий санитарный контроль за продовольственно-пищевым блоком — кухней, пекарней, продскладами, транспортировкой продуктов питания, тюремной лавкой, питьевой водой и т. д.

Тюремная кухня должна иметь следующие помещения:

а) варочную комнату, в которой, кроме варки пищи, можно допустить только чистую разделку продуктов, как, например: .резку очищенного и вымытого картофеля и др. овощей, приготовление из мясного фарша котлет, фрикаделек для больничного питания и т. д.;

б) грязную разделочную, предназначенную для чистки и мытья овощей, разделки рыбы, грубой разделки мясных костей (рубки) и т. д. Для этого в комнате устанавливается строго паспортизованное оборудование: стол для рыбы, чурка для костей и т. д. Разделочные ножи также паспортизуются строго по продуктам — нож для рыбы, хлеба, овощей, мяса и др.;

в) комнату, предназначенную для мытья грязной столовой и кухонной посуды, соответственно оборудованную моечными ваннами. При достаточной площади этой комнаты допустимо использование ее также для хранения чистой поварской посуды в шкафах или на полках. Ванны для мойки посуды и столы для разделки продуктов делаются из шлифованной мраморной крошки или из дерева. В последнем случае их рабочие поверхности обиваются оцинкованным железом с тщательной пропайкой в швах;

г) хлеборезку, оборудованную столом для резки и полками для хранения хлеба;

д) склад для продуктов текущей потребности, оборудованный полками и стеллажами;

е) комнату для кухонного персонала, оборудованную столом, шкафом для спецодежды и вешалкой для личной одежды.

В больших тюрьмах рекомендуется устраивать для персонала душевые комнаты.

Санитарная служба обеспечивает приготовление пищи в строгом соответствии с санитарными нормами, принимает активное участие в составлении табеля варок питания, обеспечивает сохранение в пище максимального количества противоцынговых витаминов, осуществляет контроль за качеством и кондициозностью продуктов, за доставкой скоропортящихся продуктов с баз до тюрьмы, проверяет качество хранения их и закладку в котел, особенно в жаркое время. Работники, занятые приготовлением пищи, должны быть в центре внимания и заботы санитарной службы, так как легкое желудочно-кишечное заболевание или бациллоносительство хлеборезчиков или продовольственных кладовщиков ставит под прямую угрозу проявления вспышки заболевания во всей тюрьме. Все эти работники периодически должны проходить исследование на бациллоносительство возбудителей дизентерии и брюшного тифа, помимо ежемесячных телесных осмотров. В случае обнаружения бациллоносителей, они немедленно снимаются с работы в продпищеблоке. Необходимо также вести борьбу с мухами, переносчиками возбудителей дизентерии.

В тюремных корпусах санитарный надзор следит за тем, чтобы каждый заключенный имел свою койку или топчан с необходимым минимумом постельных принадлежностей. Наличие в камерах клопов, тараканов и вшей расценивается как чрезвычайное происшествие, требующее мобилизации всех сил и возможностей для их ликвидации. Особое внимание обращается на содержание параш. Параши делаются из толстого оцинкованного железа или из крепкого дерева (дуба), обязательно с плотными крышками. Предназначаются они для оправки заключенных. Во время выходов в уборную, параши должны выноситься и дезинфицироваться хлорной известью или 6% раствором карболовой кислоты. На дезинфекцию параш обращается особое внимание при наличии острых желудочно-кишечных заболеваний и дизентерии, учитывая высокую стойкость возбудителей дизентерии в кишечной слизи. В этих случаях наилучшим дезинфицирующим средством считается 5—10% раствор карболовой кислоты. Вовремя опорожняемые параши, хорошо дезинфицируемые, имеющие плотные крышки не дают зловония в камерах. Параши из мягких пород дерева быстро пропитываются экскрементами и издают тяжелый запах, поэтому они непригодны.

Ответственным и серьезным участком санитарной работы в тюрьмах является надзор за продуктовыми передачами. Медицинские работники тюрем особенно внимательно обязаны относиться к передачам в жаркие летние месяцы, когда пищевые токсино-инфекции имеют большое распространение. Должен быть разработан подробный перечень продуктов, которые можно принимать от родственников, применительно ко времени года и эпидемическому состоянию района. Например, в июле месяце нельзя принимать в передачу вареную колбасу, жареное или вареное мясо, огурцы принимать только солеными, яблоки только печеными, молоко только кипяченым и т. д.

Четко должен быты также налажен порядок хранения продуктов в комнате передач и порядок разноса их по камерам. В комнатах оборудуются полки. Нельзя разрешать, чтобы в жаркие летние месяцы продукты в комнате передач лежали более 4—5 часов, а зимой более суток.

Многообразие санитарно-профилактической работы в тюрьмах требует серьезных знаний санитарии, гигиены и эпидемиологии медицинскими работниками тюрем. Только высокая медицинская культура медработников, требовательность к администрации тюрьмы, помощь последней в устранении санитарных недостатков сделают невозможным возникновение в тюрьме какого-либо инфекционного заболевания.

Санитарно-профилактическое обеспечение личного состава тюрьмы, соприкасающегося с заключенными во время работы

Высокое санитарное состояние тюрьмы в целом обеспечивает сохранность здоровья сотрудников тюрьмы, имеющих непосредственное отношение к надзору за заключенными.

Особое значение в работе санитарной службы по охране здоровья личного состава имеет санитарное обеспечение обысков заключенных, их вещей, камер и других подсобных помещений: уборных, бань и прогулочных дворов. Неправильно организованный обыск заключенных, имеющих вшивость, больных острыми инфекционными заболеваниями, хроническими инфекциями, как сифилис, туберкулез, легких и др. или заключенных, находящихся в карантине, может оказаться причиной заражения надзорсостава, производящего обыск. Санитарная служба строго следит за тем, чтобы обыск заключенных, их вещей и камер производился бы только в специально предназначенных для этого халатах, чтобы комнаты для производства обысков вновь прибывающих заключенных были светлыми, чистыми, чтобы в них были установлены умывальники, бесперебойно обеспеченные водой, мылом, полотенцем. Кроме того, в комнатах для обыска необходимо иметь дезинфицирующий раствор для рук (сулему 1:1000, 3%-ную карболовую кислоту, спирт денатурат). Раствор сулемы необходимо хранить в запертых шкафах. При обыске уборных надзорсостав, помимо указанного, должен обеспечиваться толстыми резиновыми перчатками.

Для активной иммунизации против заразных болезней весь надзирательский состав весною каждого года подвергается профилактическим прививкам против брюшного тифа, паратифа и дизентерии.

Санитарная служба должна обращать серьезное внимание также на тюремные коридоры, являющиеся рабочим местом надзирательского состава. Тюремные коридоры, помимо образцового санитарного состояния, должны быть светлыми, длиною более 25 метров. Они должны иметь двухстороннее естественное освещение. Окна коридоров не должны загораживаться снаружи щитами. В нижней части стекла, с наружной стороны, делаются матовыми. В окнах не-

ГЛАВА ШЕСТАЯ. САНИТАРНАЯ РАБОТА

обходимо иметь большие форточки или фрамуги для проветривания коридоров.

При наличии цементного пола в коридорах, во всю длину последних и в непосредственной близости от камерных дверей, застилаются толстые пеньковые дорожки, чтобы избежать охлаждения ног надзирателя. Для питья дежурного надзорсостава в коридоре устанавливаются бачки из оцинкованного железа с кипяченой водой. Бачки должны иметь плотную крышку, ежедневно мыться и наливаться свежей водой. Для питания дежурного надзорсостава в тюрьмах организуются буфеты с холодными закусками. Наблюдение за санитарным состоянием буфетов является обязанностью санслужбы. При наличии в тюрьмах столовых для личного состава санитарный контроль последних также осуществляется санитарной службой.

В общежитиях для надзирательского состава санитарный надзор наблюдает за осуществлением всех правил жилищной гигиены как самими жильцами общежитий, так и средствами администрации тюрьмы. Санитарная служба тюрьмы проводит санитарно-просветительную работу с надзирательским составом, которая ставит целью не только повышение их общего культурного уровня, но и выработку у них определенных профилактических навыков, предупреждающих переход заболеваемости от заключенных к ним и обратно, привитие им знаний по оказанию экстренной доврачебной помощи заключенным при попытках последних к самоубийству или несчастных случаях.

На санслужбе лежит обязанность предупреждения переноса болезней заключенных на следовательский состав, ведущий следствие. Поэтому запрещается вызывать на допросы заключенных, болеющих инфекционными болезнями или находящихся в карантине по случаю инфекционного заболевания в тюрьме. Если следователи все же настаивают, по оперативным соображениям, на проведении следствия, санслужба тюрьмы допускает проведение следствия по распоряжению вышестоящего начальника, но при условии, если больной заключенный не находится в тяжелом состоянии. В этих случаях следователи предупреждаются о состоянии заключенного, опасности заражения и обеспечиваются всем необходимым для профилактики.

Особенности устройства и оборудования лечебных учреждений тюрьмы

Все лечебные учреждения тюрьмы по своему устройству и оборудованию должны полностью соответствовать всем требованиям тюремного режима и изоляции заключенных. В целях максимального соблюдения изоляции больных заключенных, поступающих в больницу из разных камер, а также учитывая их текучесть, больничные палаты, как правило, должны иметь незначительную емкость, не более 5—6 коек. Палаты, как и камеры, оборудуются койками, прикрепленными неподвижно к полу. Для тяжело больных, значительное время проводящих в постели, устанавливаются койки с сетками. На каждые две больничных койки в промежутке устанавливаются тумбочки больничного типа на 2 отделения для содержания в них туалетных принадлежностей, книг и др. личных вещей больных.

Больничные койки обеспечиваются ватными или рогожными матрацами, перовыми подушками, двумя простынями и одеялом. Прикроватные тумбочки накрываются белыми салфетками. При наличии цементного пола, в палатах допускается застилка пола между кроватями пеньковой дорожкой. Занавесок на окнах, цветов в горшках и картин на стенах больничных палат иметь не полагается. Вся отопительная, водопроводная, канализационная и электрическая арматура, также как и в камерах, должна быть скрыта.

Амбулатории и кабинеты врачей оборудуются только необходимой мебелью для работы. Все инструменты, медикаменты и аптечная посуда должны находиться в шкафах с деревянными дверцами. Для застилки столов допускаются только большие листы толстого бемского стекла. Окна палат, амбулаторных комнат и кабинетов врачей оборудуются решетками; стекла окон должны быть не прозрачными (матовые или давленного стекла); двери должны иметь «глазки» по типу камерной двери.

Физиотерапевтические кабинеты оборудуются простой, эффективной по действию аппаратурой (местные световые ванны, синий свет, интофарез, кварцевая лампа, местный Д'арсонваль).

Применение диатермии, из-за сложности управления, может допускаться только при условии установки аппарата в другой комнате или изоляции лечащегося больного заключенного в отдельной закрытой кабине. Другая сложная в управлении и громоздкая физиоаппаратура в тюремных Условиях, как правило, не применяется.

Для амбулаторных больных заключенных физиотерапевтические процедуры назначаются как редкое исключение, являясь в основном подсобным лечебным средством для тюремного стационара. Операционные, предоперационные, рентгеновские кабинеты оборудуются как и в гражданских лечебных учреждениях.

Кабины в коридорах для амбулаторного приема имеют умывальник, кушетку, стол и стул для медработника. Все необходимое медработнику для амбулаторного приема приносится из амбулатории, а после окончания приема уносится обратно.

Особенности амбулаторного и стационарного лечения больных заключенных

Амбулаторный прием больных заключенных производится врачом и лекпомом. В целях сохранения изоляции заключенных, амбулаторный прием организуется непосредственно в тюремных корпусах, для чего в коридорах тюрьмы оборудуются амбулаторные комнаты.

Лекпом, прикрепленный к тюремному коридору, имея при себе сумку с наиболее употребляемыми медикаментами и градусником, ежедневно обходит все камеры, выявляя больных. В простых и несложных случаях заболевания помощь оказывается на месте. В более сложных случаях лекпом производит запись на прием к врачу. При выдаче заключенным медикаментов необходимо учитывать, что заключенные могут накапливать отдельные медикаменты большими дозами, как, например: салол с беладонной, кодеин, аспирин и др. Эти медикаменты могут быть затем использованы в целях самоотравления или для нелегальной связи с волей путем тайнописи (антипирин, пирамидон, салициловый натр, крахмал и др.). Поэтому медикаменты выдаются, как правило, на один прием в водных растворах или в порошках и принимаются заключенным в присутствии лекпома.

Врач принимает больных, отобранных для него лекпомом. После осмотра каждого больного врач принимает решение о дальнейшем лечении амбулаторного больного или же дает направление в тюремную больницу. При решении вопроса о направлении больного заключенного в больницу, врач руководствуется тем, что обязательной госпитализации из общих камер подлежат все больные, имеющие повышенную температуру, подозреваемые на инфекционные заболевания, болеющие гемоколитами, открытой формой туберкулеза, венерическими болезнями в заразной форме, проявляющие признаки душевного расстройства и т. д. Амбулаторный прием больных заключенных, находящихся в одиночках или осужденных к ВМН, производится врачом непосредственно в камерах в присутствии надзорсостава. В целях сохранения строгой изоляции заключенных нельзя записыват в один и тот же список больных из разных камер, вызывать по фамилии через дверную форточку, оставлять на виду у посещающих амбулаторию заключенных амбулаторные карты и истории болезни с фамилиями заключенных и т. д.

Перевод больных заключенных из камер в тюремную больницу производится с разрешения начальника тюрьмы, причем для каждого больного должен указываться порядок изоляции. Перевод больных из одной палаты в другую также производится с разрешения начальника тюрьмы. Перевод больных в областную тюремную или гражданскую больницу производится с разрешения начальника тюремного отдела НКВД/УНКВД. Для лечения больных заключенных в больнице используются все доступные средства. Для определения диагноза и назначения лечения тяжело больным приглашаются, с санкции начальника тюремного отдела, проверенные специалисты-консультанты из системы НКВД или органов здравоохранения, у которых отбирается соответствующая подписка.

Врачебный обход больных в больнице производится ежедневно. Во время обхода врач знакомится с состоянием здоровья больного, обращает внимание на содержание его постели, питание, дает соответствующие указания медперсоналу, делает медицинские назначения и заносит в дневник истории болезни свои наблюдения о больном. Выполнение больным медицинских назначений врача производится медицинскими сестрами или лекпомами также ежедневно.

Заключенные, проявляющие признаки душевного расстройства, помещаются в специальные больничные палаты, оборудованные только одними мойками, закрепленными к полу. Для установления диагноза и возможности дальнейшего продолжения следствия, за-

ГЛАВА ШЕСТАЯ. САНИТАРНАЯ РАБОТА

ключенные, проявляющие признаки душевного расстройства, по решению следственных органов свидетельствуются в судебно-экспертной психиатрической комиссии, которая составляется из врачей-психиатров, работающих в тюрьме или в местных психиатрических больницах. Судебно-психиатрическая экспертиза проводится стационарно, амбулаторно, на суде и в кабинете следователя, а в исключительных случаях и в отсутствии испытуемого по материалам дела. При отсутствии в тюремной больнице психиатрического отделения, стационарная экспертиза проводится в судебно-психиатрических отделениях местных психиатрических больниц. Судебно-психиатрическое заключение о душевном состоянии и вменяемости делается комиссией на основании психиатрического исследования подэкспертного заключенного, изучении материалов его уголовного дела и сведений о его прошлой жизни и перенесенных им заболеваниях.

Стационарное испытание подлежащего экспертизе заключенного не должно продолжаться более месяца. Если экспертиза вынесла решение о невменяемости заключенного, последний осуждается судебными органами на принудительное лечение, для проведения которого осужденные помещаются в судебно-психиатрическое отделения гражданских психиатрических больниц, а привлекавшиеся к суду за контрреволюцию и особо опасные преступники помещаются для проведения принудительного лечения в специальные тюремные психиатрические больницы. Освобождение от принудительного лечения производится только по решению суда о снятии принудлечения, которое суд выносит по заключению повторных судебно-психиатрических комиссий.

Заключенные, способные самостоятельно ходить, пользуются прогулкой в больничном прогулочном дворе ежедневно не менее часа. В летнее время для этого используются менее жаркие часы, утренние и вечерние. Для заключенных, страдающих открытой формой туберкулеза, допускается, при наличии возможностей, производить прогулку 2 раза в день. Прогулочный двор для них должен быть также отдельным, иметь врытые в землю скамьи для отдыха и плевательницы с дезинфицирующей жидкостью для обеззараживания мокроты.

Ходячие больные заключенные проходят санитарную обработку в больничной ванной комнате, а лежачие больные, по назначению врача, подвергаются влажным дезинфицирующим обтираниям не реже одного раза в шестидневку со сменой нательного и постельного белья.

Питание больных заключенных, находящихся в больнице, производится по соответствующим нормам больничного пайка. В соответствии с категориями больных устанавливается несколько диетических, столов: общий, слабый, усиленный. Общая калорийность больничного пайка должна быть не менее 3000 калорий. Диетическое питание больных, находящихся в тюремных камерах, допускается в случаях хронических желудочно-кишечных заболеваний, заболеваний желез внутренней секреции и других болезней, не требующих госпитализации. Диетпитание производится с разрешения начальника тюрьмы.

Если заключенный объявил голодовку, его переводят из общей камеры в одиночную и спустя 72 часа приступают к искусственному питанию. Из методов искусственного питания применяется питание через пищевод толстым желудочным или тонким дуоденальным зондом. Питательные клизмы, ввиду очень низкого процента усвояемости и возможности выбрасывания питательной массы, совершенно не применяются.

Питательная масса для искусственного питания через пищевод приготавливается из мясного бульона, молока, масла, толокна, яичных желтков, сахара, соли и др. По количеству пищевых компонентов и калорийности рекомендуется следующий состав:

белков	60 граммов	246	калорий
жиров	40	*	364
углеводов	320	„	1312
соли	15		
воды	1000	»	
Всего:	1435 граммов	1922 калории	

Минимальное снижение калорийности пищевого рациона допускается до 1500 калорий в сутки. Искусственное питание производится, один-два раза в сутки — утром и в обед или только в обед. Перед введением в желудок питательная масса подогревается до 40° С.

Техника искусственного питания следующая: рот раскрывается роторасширителем, в пищевод осторожно вводится вскипяченный в воде желудочный зонд с воронкой на свободном конце. Когда зонд введен в желудок, последний 2—3 раза промывается теплой водой, и после этого вводится пищевая масса. Техника питания через тонкий дуоденальный зонд также проста, при этом вскипяченный зонд вводится в желудок через ноздрю.

При возбуждении заключенным вопроса о протезировании его зубов, санитарная служба руководствуется тем, что протезирование не входит в число обязательных лечебно-профилактических мероприятий и может производиться в виде исключения по серьезным медицинским показаниям за счет заключенного и с разрешения начальника Тюремного отдела. В этих случаях для выполнения зубопротезной работы приглашается проверенный протезист из санитарных органов НКВД или из гражданских органов здравоохранения.

При просьбе заключенного о выписывании очков, санитарная служба тюрьмы определяет, в соответствии с существующим положением, действительную необходимость коррегирования зрения, и в зависимости от этого покупаются очки за счет заключенного.

В случае смерти заключенных трупы последних передаются родственникам для погребения. Факт смерти обязательно оформляется медицинским актом, который утверждается начальником тюрьмы или его заместителем после проверки личности умершего.

По требованию следственно-судебных органов о вскрытии трупа умершего заключенного, последнее производится в порядке установленных положений. Вскрытые трупы выдаче родственникам не подлежат.

Особенности ведения аптечного хозяйства в тюрьмах

В тюрьмах с лимитом заключенных более 500 устраиваются самостоятельные аптеки. В тюрьмах с лимитом менее 500 заключенных организуются лишь аптечки расходного типа. Общее устройство и оборудование аптек аналогично устройству и оборудованию аптек общегражданского типа. Особенности имеются только в хранении, учете и расходовании медикаментов. Аптечные шкафы должны иметь сплошные деревянные прочные дверцы с хорошими запорами. Ядовитые и сильнодействующие медикаменты хранятся в отдельных от прочих медикаментов шкафах всегда на замке, ключ от которых хранится у заведующего аптекой.

Медикаменты из аптеки выдаются только в приготовленном для приема виде по рецептам или требованиям, подписанным врачами тюрьмы. Рецептные формы, содержащие в своем составе ядовитые или сильно действующие вещества, отпускаются только но рецептам, утвержденным начальником санчасти тюрьмы, и под расписку медработника, получающего их. Все растворимые формы медикаментов приготовляются в растворах, нерастворимые — в порошках, но не в таблетках, пилюлях или аблатках.

Для учета прихода и расхода медицинского имущества срочного пользования и медикаментов, дезинфекционных, перевязочных и прививочных средств и аптечных расходных предметов заводится материально-аптечная книга, в которой отражается поквартальный приход и расход медимущества. Расход выводится по выполненным аптекой рецептам и требованиям.

Для учета прихода и расхода медицинского имущества долгосрочного пользования — хирургических инструментов, предметов врачебной аппаратуры, предметов аптечного оборудования, специальной мебели — заводится инвентарная книга, где отмечается приход и расход медимущества за год. Книги, как и денежный документ, ведутся без помарок и подчисток, листы их пронумеровываются и прошнуровываются. Расходными документами на медимущество являются рецепт и требование. Рецепты служат документами, определяющими расход медикаментов и правильность выписываемой дозировки, а также совместимости прописываемых лекарственных форм. Рецепты подписываются только врачами. Расходные документы сшиваются помесячно и хранятся в течение 3 лет, после чего подлежат уничтожению. Комиссия, назначаемая приказом по тюрьме, производит один раз в три месяца ревизию аптечного имущества и сверку расхода с приходом и остатками медикаментов.

В тюрьмах с небольшим лимитом, где нет медицинских работников или где они дежурят не круглые сутки, целесообразно в комнате дежурного пом. начальника тюрьмы иметь сумку с медикаментами для оказания первой доврачебной помощи заключенным при попытках их к самоубийству или при несчастных случаях. В сумке должно быть все необходимое для остановки кровотечения, наложения повязки, приведения в сознание и т. д.

ГЛАВА ШЕСТАЯ. САНИТАРНАЯ РАБОТА

В тюрьмах, где имеются медицинские работники, также необходимы сумки с медимуществом для оказания экстренной, квалифицированной медицинской помощи при всех видах умышленных повреждений и несчастных случаев с заключенными. В этой сумке необходимо иметь сердечные и обезболивающие средства для подкожного впрыскивания, для приведения в сознание, успокоения нервов, остановки кровотечения, перевязки обычной и противоожоговой и т. д.

Содержание грудных детей в тюрьмах

Грудные дети попадают в тюрьмы вместе с заключенными матерями или рождаются у заключенных матерей. Дети содержатся в тюрьмах при матерях до полутора лет, т е. до тех пор, пока ребенок нуждается в материнском молоке. Достигнув полутора лет, дети передаются родственникам заключенной или же в органы здравоохранения (дома малюток) независимо от того, хочет этого заключенная мать или не хочет. Ребенок, у которого мать умерла в тюрьме, также передается родственникам или в дома малюток независимо от возраста.

Учитывая особенности детского возраста в этот период, содержание детей в тюрьме должно быть организовано так, чтобы они могли нормально расти и развиваться. Содержатся дети в тюрьмах или в специальных детских яслях или в детских комнатах. Детские ясли организуются в тюрьмах, где количество детей более 16. Руководство всей работой в яслях осуществляется начальником санитарной службы тюрьмы. Обслуживание ясель производится вольнонаемными медработниками по определенным штатам. По своей планировке и оборудованию детские ясли должны полностью соответствовать требованиям, предъявляемым к детучреждениям такого типа органами здравоохранения, т. е. они должны иметь спальные комнаты с площадью пола не менее 3 кв. метров на каждую детскую кроватку, прогулочные комнаты для дневного времяпровождения детей ползунковой группы, изолятор с боксами из расчета не менее 1 бокса на каждые 8—10 детей и все подсобные помещения, как-то: молочная кухня, комната для кормлении грудью, ванная и туалетная комнаты.

Все помещения детских яслей должны быть сухими, теплыми, светлыми и с хорошим доступом солнца и воздуха. Зимой температура в помещении не должна опускаться ниже 18—20° С Стены помещений яслей окрашиваются белой клеевой краской, пол рекомендуется иметь из линолеума или деревянный, но окрашенный масляной краской. Уборка помещения должна производиться только влажным путем. Постельные принадлежности проветриваются не реже 2—3 раз в месяц. Для детей разрешается иметь резиновые, целлулоидные, костяные игрушки, т. е. не портящиеся при мытье и кипячении.

Кормление матерями грудных детей производится в комнате для кормления по расписанию, составленному врачом яслей. В эти часы надзирательницы выводят матерей из камер в детясли. Поэтому комната для кормления должна также отвечать требованиям тюремных помещений, т. е. иметь на окнах решетки, матовые стекла в рамах, двери с «глазками» на замке и т. д. Приведенной для кормления ребенка матери дают вымыть руки с мылом, обработать борным раствором соски грудей и только тогда дают ребенка. Кормление производится 15—30 минут по указанию врача. Если кормящая грудью мать заболевает гриппом или ангиной, ее допускают кормить ребенка, завязав предварительно марлевой салфеткой рот и нос. Если мать заболевает тяжело и не может ходить в ясли для кормления ребенка, ее переводят в тюремную больницу вместе с ребенком.

Детям, получающим дополнительное к материнскому молоку питание, прикорм дается ясельным персоналом в установленные для этого часы. Для прикорма детей устанавливается особый паек с большим ассортиментом продуктов, позволяющим разнообразить стол и давать высококалорийное и витаминное питание.

Каждый ребенок обеспечивается достаточным количеством мягкого инвентаря, определенным соответствующими положениями, отдельной детской кроваткой, обеспеченной постельными принадлежностями. На кроватке вывешивается табличка с именем, фамилией, годом и местом рождения ребенка, № камеры и койки его матери.

При наличии в тюрьмах грудных детей в количестве менее 15, они содержатся в специально оборудуемых детских комнатах. Обслуживание детей в таких комнатах производится по следующим принципам: дети до года помещаются в просторных, светлых, хорошо проветриваемых камерах совместно со своими матерями, причем, матери и дети имеют индивидуальные койки, обеспеченные постельными принадлежностями. Дети старше года, отнятые от груди, содержатся в детских комнатах отдельно от матерей. Эти комнаты оборудованы по типу спальных комнат детских яслей. Уход за детьми в этих случаях осуществляется или вольнонаемным штатом нянь или самими заключенными матерями по очереди. Питание детей организуется в соответствии с требованиями, предъявляемыми детскими яслями.

Заключенные матери, кормящие грудью детей, в отличие от других заключенных, пользуются некоторыми льготами. В частности, за 1 месяц до родов и после родов и весь период кормления они получают питание с больничного стола. Сверх того, во время кормления ребенка они получают 200 граммов молока и по 10 граммов масла ежедневно. Они пользуются также льготами в-пользовании тюремным ларьком, в смысле покупки большего ассортимента продуктов и на большую сумму (до 150 рублей в месяц). Кроме того, заключенные матери, кормящие грудью детей, обеспечиваются мытьем в бане не реже 1 раза в шестидневку. При отсутствии своего белья они обеспечиваются чистым тюремным бельем.

Особенности медицинской документации и санитарной статистики в тюрьмах

Медицинская документация в тюремных условиях играет большую роль. Она должна строго удовлетворять требованиям необходимой санитарной статистики и требованиям строгой изоляции заключенных. Поэтому во все медицинские статистические документы должны заноситься лишь самые необходимые данные секретного порядка, предусмотренные инструкцией.

К документам санитарного учета и статистики относятся истории болезни, амбулаторные карты или журналы, зубоврачебные карты и истории развития ребенка. На основе записей в этих документах составляется месячная сводка о заболеваемости и смертности заключенных, а также месячная сводка о заболеваемости и движении грудных детей в тюрьмах. В качестве подсобного документа при составлении месячных сводок о заболеваемости и смертности заключенных служит номенклатура болезней, принятая в тюрьмах НКВД.

Особенности медицинской документации

Разберем последовательно приведенные здесь документы.

История болезни служит единственным документом о заболевании заключенного, требующего больничного лечения. Она заводится на каждого заключенного, поступающего на стационарное лечение в тюремную больницу и ведется с особой тщательностью, учитывая возможность симуляции, агравации или, наоборот, скрытия заключенными своего заболевания. Должны производиться все доступные тюремной больнице лабораторные исследования и анализы, требуемые для диагностики заболевания; эти данные должны вписываться в историю болезни.

Дневник наблюдения за больным ведется в истории болезни, как правило, ежедневно или через одни деть, При хронических и душевных заболеваниях допускается ведение дневника не реже одного раза в шестидневку. Истории болезни хранится как секретные документы; по выздоровлению заключенного они передаются для хранения в его личное дело. При новом заболевании заключенного они используются для справок. При переводе заключенного в другую тюрьму истории болезни, имеющие лечебный интерес, обязательно пересылаются вместе с заключенным, при освобождении или смерти заключенного все его истории болезни приобщаются к его тюремному делу.

На каждого ребенка, попадающего и тюрьму вместе с заключенной матерью, заводится история его развития. Дневник развития ребенка ведется не реже 1 раза в шестидневку. При передаче ребенка в систему здравоохранения история развитая ребенка приобщается к тюремному делу матери. История развития ребенка служит единственным документом при составлении месячной сводки о заболеваемости и движении детей.

Амбулаторные карты заводятся на каждого заключенного, обращающегося за амбулаторной помощью. Они хранятся как истории болезни. Амбулаторные журналы заводятся в тюрьмах с большим лимитом, когда в санчасти работает несколько врачей и пользование амбулаторными картами представляет значительные технические трудности. Основным назначением амбулаторных карт и журналов является использование их при составлении месячной сводки о заболеваемости и смертности заключенных. Использованные амбулаторные журналы хранятся в архиве санчасти 3 года, после чего подлежат уничтожению.

Зубоврачебная карта заводится на каждого заключенного, обращающегося за зубоврачебной и зубопротезной помощью. Она служит для помощи зубному врачу и технику в их работе. По выбытии заключенного из тюрьмы карта подлежит уничтожению.

Месячная сводка о заболеваемости и смертности заключенных составляется путем суммирования данных из историй болезни и амбулаторных карт. Каждая сводка сопровождается краткой объяснительной запиской, в которой излагаются причины наиболее серьезных заболеваний, как-то: инфекционные, острые желудочно-кишечные, простудные заболевания, цинга, вшивость и т. д. Также подробно излагают и причины смерти заключенных. Кроме месячной сводки о заболеваемости и смертности заключенных, составляется внеочередное донесение на все случаи возникновения в тюрьме таких инфекционных заболеваний как тифы, паратифы, дизентерия, гемоколиты, дифтерия, скарлатина и др. В месячных сводках подробно указывается непосредственная причина этих заболеваний и мероприятия, принятые на месте для недопуска их распространения среди заключенных.

Помимо приведенных форм медицинской статистики, учета заболеваемости и саночетности, существуют еще документы, которые составляются врачом. Это акт врачебной комиссии, акт психиатрической экспертизы, врачебная справки (составляются на основании специальных заданий органов следствия, прокуратуры и руководства тюрьмы), акт надевания смирительной рубашки на буйствующего заключенного, акт обнаружения самоубийства или попытки к нему, акт судебно-медицинского вскрытия трупов и акт о смерти заключенного.

Особенности составления этих документов следующие:

Акт врачебной комиссии на заключенного пишется по освидетельствовании его здоровья комиссией врачей в составе не менее 3 человек. В акте подробно описываются жалобы заключенного, объективные данные врачебного осмотра, данные специальных исследований лаборатории, рентгена, указывается подробный диагноз по-русски и выводы комиссии в соответствии с полученным заданием.

Особенности медицинской документации

Акт психиатрической экспертизы на заключенного пишется по освидетельствовании психического состояния заключенного комиссией врачей психиатров в составе одного-двух специалистов и одного врача общей специальности — представителя тюрьмы. В акте указывается время и место производства экспертизы, состав экспертной комиссии, фамилия имя, отчество и возраст заключенного, краткое содержание уголовного дела с указанием статьи УК. При наличии истории болезни указываются также данные наблюдения подэкспертного в тюрьме и история настоящего заболевания. Далее подробно описывается физическое, неврологическое и психическое состояние испытуемого в период экспертизы и данные специальных лабораторных исследований. В заключении должны быть четкие ответы на поставленные судебно-следственными органами вопросы, подробный диагноз по-русски, оценка психического состояния подэкспертного в момент совершения преступления.

Врачебная справка пишется врачом тюрьмы на осмотренного по указанию начальника тюрьмы заключенного. Она должна содержать в себе только выводы врача о состоянии его здоровья.

Акт надевания смирительной рубашки на буйствующего заключенного составляется медицинским работником совместно с дежурным помощником начальника тюрьмы непосредственно после одевания рубашки. В акте указываются должность, звание, фамилии начсостава тюрьмы, производивших надевание смирительной рубашки; фамилия, имя и отчество, возраст, № камеры заключенного, проявившего буйство; время надевания и снятия смирительной рубашки.

Акт обнаружения самоубийства или попыток к нему составляется медицинским работником совместно с дежурным помощником начальника тюрьмы после того, как исчерпаны все врачебные методы оживления самоубийцы или когда он уже приведен в сознание. В акте указывается, кто обнаружил самоубийцу, в какое время (часы и минуты), где, какого заключенного — фамилия, имя и отчество. Подробно описывается состояние и вид заключенного в момент обнаружения, способ, которым он покончил или пытался покончить жизнь самоубийством, меры, принятые для оживления, и выводы, в которых либо констатируется смерть заключенного, либо его оживление, благодаря своевременно принятым мерам.

ГЛАВА ШЕСТАЯ. САНИТАРНАЯ РАБОТА

Акт судебно-медицинского вскрытия трупа заключенного пишется судебно-медицинским экспертом или врачом тюрьмы, производившим вскрытие трупа по специальному заданию следственной части, прокуратуры или тюремного отдела. В акте указывается фамилия, имя, отчество и год рождения умершего заключенного, описываются внешний вид трупа, имеющиеся на нем ссадины, царапины, кровоподтеки, раны, органы грудной и брюшной полостей, головной мозг. В заключении указываются причины смерти заключенного.

Акт о смерти заключенного пишется врачом тюрьмы, а в тюрьмах, где нет врача — лекпомом с законченным средним медицинским образованием. В акте подробно указывается время смерти и непосредственные причины ее.

ГЛАВА СЕДЬМАЯ. ДОВОЛЬСТВИЕ ЗАКЛЮЧЕННЫХ

Заключенные, содержащиеся в тюрьмах Главного тюремного управления НКВД, обеспечиваются за счет тюрем бесплатным питанием, состоящим из определенного суточного продовольственного пайка.

Продовольственные нормы для заключенных утверждаются Правительством и объявляются приказом Народного комиссара внутренних дел Союза ССР.

Каждый заключенный два раза в день получает горячую пищу, состоящую из двух блюд на обед и одного блюда (первое или второе) на ужин.

Утром, одновременно с раздачей по камерам чая, заключенным выдается положенный им дневной паек хлеба и сахара.

Кипяток и чай заключенные должны получать также во время обеда и ужина.

Ассортимент продуктов, входящих в продовольственный паек заключенных, дает возможность тюремной кухне, по заранее разработанному и утвержденному начальником тюрьмы меню, приготовлять разнообразные блюда по дням.

Тюремное меню рекомендуется разрабатывать на десять дней вперед, с учетом наличного на складах тюрьмы ассортимента продуктов и данных о подлежащих к поступлению продуктов от торгово-снабженческих организаций.

Продовольственный паек заключенных предусматривает ежедневную норму мяса и рыбы.

На практике, в ряде мест, не всегда имеется возможность получить для тюрьмы необходимые фонды на мясо, рыбу и животные жиры. В этих условиях, как показал опыт большого числа тюрем, необходимо и целесообразно взамен мяса, рыбы, животных жиров и масла приобретать на городских скотобойнях так называемые мясные сбои, а в колбасных производствах — кости.

Приготовляемые супы из костей и сбоев отличаются хорошим жировым наваром и вкусным качеством и в полной мере заменяют мясные супы. Особенно рекомендуется уделять внимание правильному использованию овощей.

Овощная норма продовольственного пайка заключенного (от 500 до 600 граммов в сути) дает возможность иметь полный набор овощей, причем, рекомендуется обязательно в овощном наборе на складе иметь, примерно, следующее процентное соотношение: картофеля — 60%, капусты — 20%, моркови — 6%, свеклы — 8% и лука — 6%. Для заключенных больных, для беременных и кормящих грудью женщин существует особый продовольственный паек, состоящей из дополнительных видов продуктов и, как правило, должен приготовляться отдельно от общего котла для заключенных.

В целях улучшения питания в каждой тюрьме специально для заключенных организуются тюремные ларьки.

Тюремный ларек должен всегда иметь полный ассортимент продовольственных товаров и предметов личного обихода, разрешаемых заключенным приобретать за свои деньги.

Перечень продуктов и предметов личного обихода, а также размер денежных сумм и количество дней каждого месяца, в течение которых в тюрьмах для подследственных заключенному разрешается пользоваться тюремным ларьком, определены положением о тюрьмах Народного комиссариата внутренних дел и приложенной к положению инструкцией Главного тюремного управления НКВД.

Тюремные ларьки имеют право приобретать продовольственные товары для заключенных как у органов государственной и кооперативной торговли, так и на городских и колхозных рынках.

Для ведения торговых операций тюремного ларька выделяется наиболее опытный из числа надзирательского состава тюрьмы.

Все заключенные обеспечиваются за счет тюрем положенными постельными принадлежностями.

Подследственные заключенные содержатся в тюрьмах в собственной одежде. В отдельных случаях, когда подследственный заключенный не имеет смены собственного белья, или других предметов верхнего платья, одежды и обуви, тюрьма обеспечивает этих заключенных бельем, верхним платьем, одеждой и обувью за счет тюремных фондов вещевого довольствия.

Осужденные заключенные, содержащиеся в тюрьмах ГУГБ для осужденных, за все время пребывания в тюрьме содержатся в тюремной одежде.

Этим заключенным, кроме постельных принадлежностей, тюрьма выдает по нормам, установленным Главным тюремным управлением, все предметы обмундирования.

Для ремонта одежды и обуви заключенных, в тюрьмах имеются портновские и сапожные мастерские, содержащиеся за счет тюрем. Весь ремонт одежды и обуви заключенных производится бесплатно.

Для разрешаемой заключенным переписки с родными, для заявлений в советские и партийные органы и для занятий (в тюрьмах для осужденных) тюрьмой выдается писчая бумага, конверты, ученические тетради и пластмассовые карандаши.

Кроме вещевого и продовольственного снабжения, заключенные получают в индивидуальное пользование кружку, миску и ложку. Каждая тюремная камера должна иметь закрепленный за камерой чайник или несколько чайников, в зависимости от количества содержащихся в камере заключенных.

Вся столовая и кухонная посуда должна быть металлической (эмалированной, алюминиевой).

Снабжение тюрем предметами вещевого довольствия, хозяйственного обихода и продовольствием по фондируемым материалам производится Главным тюремным управлением в централизованном порядке, а всеми остальными предметами снабжения и продуктами питания — тюремными отделами и непосредственно тюрьмами за счет местных торговых фондов, как учреждения закрытого типа, согласно существующим директивам Наркомторга.

Все предметы вещевого довольствия для заключенных (кроме обуви) заготовляются исключительно из хлопчатобумажных тканей.

При освобождении из тюрем или при отправке в лагери и трудколонии заключенные, как правило, должны уходить из тюрем в лично им принадлежащей одежде и обуви и лишь, как исключение, за неимением собственных вещей отдельные заключенные должны обеспечиваться за счет тюрьмы одеждой и обувью.

Несовершеннолетние правонарушители, как правило, при выводе из тюрьмы должны быть одеты за счет последней по сезону в вполне исправную одежду, белье и обувь.

ГЛАВА СЕДЬМАЯ. ДОВОЛЬСТВИЕ

Все вещевое имущество тюрем, а также продукты питания должны содержаться в хорошо оборудованных складах, состоять на строжайшем учете и содержаться в надлежащем порядке.

Порядок снабжения, учета и отчетности по материально-вещевому и продовольственному содержанию заключенных определяется особыми инструкциями и распоряжениями Главного тюремного управления НКВД СССР.

ГЛАВА ВОСЬМАЯ. ТЮРЕМНЫЕ ЗДАНИЯ, ИХ УСТРОЙСТВО И ОБОРУДОВАНИЕ С ТОЧКИ ЗРЕНИЯ ОБЕСПЕЧЕНИЯ РЕЖИМА, ИЗОЛЯЦИИ И ОХРАНЫ ТЮРЕМ

Устройство различных типов тюрем

Тюремные здания делятся на два основных типа: здания внутренних тюрем, составляющие единое целое со зданием органа НКВД, при котором они устроены, и здания общих тюрем и тюрем для осужденных. Месторасположение первых определяет местонахождение органа НКВД; обычно этим месторасположением является центральная часть краевых, республиканских и областных центров; месторасположение вторых должно устанавливаться (при постройке и при организации новых тюрем) в соответствии с -предъявляемыми требованиями. Эти требования в основном сводятся к тому, чтобы участок, на котором расположена тюрьма:

а) был изолирован от жилых и промышленных построек;

б) расположен не в центре, а на окраине города или, в крайнем случае, в незначительной отдаленности от него;

в) находился вблизи от железной дороги;

г) находился на здоровой местности;

д) имел годную для питья воду в нужном количестве и спуск для сточных вод.

Удаление тюрьмы от жилых построек необходимо потому, что наличие вблизи жилых домов ведет к прямому нарушению изоляции. Особенно это относится к радио. Громкоговоритель из квартиры соседнего дома летом хорошо слышен в камерах. Большим недостатком для тюрьмы является рядом расположенный многоэтажный дом. Жильцы этого дома могут наблюдать все, что делается за оградой

ГЛАВА ВОСЬМАЯ. ТЮРЕМНЫЕ ЗДАНИЯ

тюрьмы и видеть заключенных, находящихся на прогулочных дворах.

Расположение отдельных зданий на участке, занимаемом тюрьмой, зависит от их назначения. Тюремные корпуса и другие собственно тюремные помещения (тюремные больницы, санпропускники, бани, карцеры) должны быть изолированными от всего, не имеющего отношения к тюрьме, и удобно расположенными для их окарауливания.

Тюремные корпуса должны располагаться, по возможности, в середине тюремного участка, чтобы имелась возможность свободного обхода вокруг зданий и чтобы окна тюремного корпуса выходили на тюремный двор. Остальные тюремные помещения, если они не размещены в одном корпусе с камерами, должны располагаться в наибольшей близости к тюремному корпусу, а территория, на которой они расположены, должна быть отгорожена от хозяйственных и подсобных помещений, образуя отдельный тюремный двор. На тюремном дворе размещаются прогулочные дворы. Размеры прогулочных дворов и их количество зависят от числа одиночных и общих камер и количества мест в тюрьме (лимита).

Все остальные принадлежащие тюрьме помещения административного и подсобно-хозяйственного порядка (административный корпус, склады и пр.) размещаются на отдельной от тюремного двора территории, образуя хозяйственный двор. Весь тюремный участок ограждается каменным забором (баркасом) высотой от 4 до 5 метров. Перед входом в тюрьму устраивается небольшой дворик, в котором делаются двое ворот. Назначение дворика — предупреждение возможности прохода посторонних лиц на тюремный двор и возможности внезапного нападения на надзирателя поста главных ворот со стороны заключенных при нахождении их на тюремном дворе.

Внутренние тюрьмы по своему устройству значительно отличаются от общих тюрем. Все подсобные и хозяйственные помещения внутренней тюрьмы обычно размещаются в самом тюремном корпусе. Если корпус внутренней тюрьмы не примыкает непосредственно к зданию органа НКВД, то между ними делается крытый коридор. Тюремный двор должен быть отгорожен от всей остальной территории, занимаемой зданиями органа НКВД.

Архитектура и планировка тюремных зданий

Форма тюремного корпуса и архитектурное оформление должны быть наиболее простыми, без каких-либо выступов с наружной стороны, чем значительно улучшается обзор стен и окон при охране тюрьмы.

Камеры для заключенных всегда располагаются по коридорной системе, которая имеет в данном случае преимущество во всех отношениях. Как общие, так и одиночные камеры могут быть расположены или только с одной стороны коридора или с обеих его сторон. И то и другое расположение имеет свои достоинства и недостатки. Одностороннее расположение камер позволяет лучше осветить коридор и дать в него больший доступ света, с другой стороны — удорожает строительство и дальнейшую эксплуатацию здания, так как односторонний коридор имеет большее количество наружных стен, а, следовательно, и большую поверхность охлаждения, отсюда и большие расходы по отоплению. Устройство одиночных камер в старых тюрьмах по так называемой пролетной системе, т. е. не разъединенных между собой по этажам, когда двери камер выходят на особые галереи, обоснованные на выступах из железных балок, заложенных в коридорных стенах, следует признать неудачным, как затрудняющее изоляцию заключенных. Поэтому необходимо устройство глухих междуэтажных перекрытий во всем тюремном корпусе.

Одним из наиболее серьезных вопросов является расположение камер для содержания заключенных женщин. Для удобства окарауливания, камеры лучше располагать в одном тюремном корпусе. С другой стороны, необходимо полное обособление заключенных мужчин от заключенных женщин. Для этого женские камеры в общем тюремном корпусе должны размещаться на отдельном коридоре, иметь отдельный вход и отдельный прогулочный двор. Большие по вместимости женские отделения желательно устраивать в отдельных зданиях.

Тюремные больницы, обычно устраиваются также в особых от тюремных корпусов зданиях. В случаях, когда больничных палат требуется незначительное количество, их можно располагать в тюремном корпусе.

Непосредственно в тюремном корпусе должны размещаться комнаты старшего по корпусу и врача для амбулаторного приема за-

ГЛАВА ВОСЬМАЯ. ТЮРЕМНЫЕ ЗДАНИЯ

ключенных. В каждом тюремном корпусе должны быть карцеры, которые располагаются изолированно от всех остальных помещений.

Большое внимание должно быть уделено расположению входов и лестничных клеток. Количество входов из тюремного корпуса следует устраивать, исходя из расчета — один выход на 30 —40 камер и, во всяком случае, не менее одного выхода на каждый этаж. Лестничные клетки должны быть изолированными от общего тюремного коридора и должных обеспечить возможность пользования одновременно каждым этажом отдельной лестничной клетки обособленно от остальных этажей.

Следовательские кабинеты, как правило, устраиваются непосредственно в тюремном корпусе, чтобы не выводить заключенных за пределы тюремного двора. Для прохода следователей устраивается отдельный от общей лестничной клетки вход. В отдельных случаях, когда кабинеты для допроса заключенных размещаются в административном корпусе, обязательно устройство в нем самостоятельного входа для ввода и вывода заключенных на допрос.

Комната для свиданий заключенных с родственниками располагается в административном корпусе. Желательно, чтобы она имела самостоятельный вход с улицы. Размещение комнаты для свиданий в административном корпусе, хотя в этом случае и приходится выводить заключенных за пределы тюремного двора, обусловливается необходимостью избежать допуска посторонних лиц на тюремный двор и в тюремные корпуса.

Вход для заключенных в эту комнату должен быть обособлен. В самой комнате устанавливается железная решетка, разделяющая заключенных от пришедших на свидание посетителей.

Помещения приема арестованных состоят из самой комнаты приема, комнаты для производства обысков и комнаты с некоторым количеством, в зависимости от размеров тюрьмы, отдельных боксов, где помещаются прибывшие арестованные в ожидании их дальнейшего размещения. Эти помещения обычно располагаются в административном здании с самостоятельным входом с улицы и выходом для вывода арестованных в тюремные корпуса.

Бани-прачечные выделяются в особые здания, так как свойственная им сырость вредно влияет как на санитарное состояние, так и на самую прочность помещений, расположенных с ними под одной крышей.

Кухня может размещаться как в отдельном здании, так и самом тюремном корпусе в зависимости от величины самой тюрьмы и местных условий.

Обособление кухни от тюремного корпуса и ее размещение на хозяйственном дворе имеет целый ряд преимуществ: а) устраняет проникновение кухонного запаха в тюремный корпус: б) устраняет необходимость доступа на тюремные дворы и в тюремные корпуса посторонних лиц, не имеющих непосредственного отношения по своей работе к заключенным.

Однако выделение кухни в обособленное здание связано с неудобством проносить пищу из кухни через двор на более или менее значительное расстояние. Во всяком случае, при расположении кухни вне тюремного корпуса (на хозяйственном дворе) она должна непосредственно примыкать к тюремному двору и находиться на наиболее близком расстоянии от тюремного корпуса.

Внутренняя планировка административных и хозяйственных помещений тюрьмы должна соответствовать их назначению, техническим условиям и нормам для подобного рода -помещений.

Устройство тюремных помещений

Тюремные камеры разделяются на общие и одиночные. Как уже указывалось выше, камеры размещаются исключительно по коридорной .системе. Сама камера должна быть расположена по своей длине перпендикулярно коридору чтобы надзиратель, наблюдающий через «глазок» в двери, мог обозревать наибольшую часть площади камеры.

Нормальной высотой камер является 2,90—3,00 м. Площадь пола на одного заключенного в общей камере принимается в 2,5 кв. м. Таким образом, норма воздуха на одного заключенного в общей камере определяется в 7,0 —7,5 куб. метров.

Общие камеры должны быть вместимостью не более 16 заключенных. Устройство камер на большее число заключенных нежелательно, так как это будет затруднять правильное и наиболее целесообразное распределение заключенных в тюрьме по отдельным категориям и может неблагоприятно отозваться на поддержании в ней соответствующего режима.

Одиночные камеры устраиваются, как правило, из расчета размещении в ней двух заключенных. Длина одиночной камеры может колебаться от 2,40 м до 3,20 м., а ширина — от 2,10 м до 2,70 м. Следовательно, объем воздуха в одиночной камере будет от 15,0 куб. м до 26,0 куб. м или на одного заключенного — от 7,5 куб. м до 13 куб. м.

Для предупреждения проломов и в целях безопасности з пожарном отношении полы в камерах делаются асфальтовые, толщиной 2 —2,5 см, с асфальтовыми плинтусами в виде простой без шаблона отмазки. Междуэтажные перекрытия, как правило, следует делать железобетонные или в виде кирпичных сводов. В целях уничтожения звукопроводности, в перекрытиях делается шлаковая засыпка. В отдельных случаях допустимо устройство деревянных междуэтажных перекрытий, но чердачные перекрытия обязательно должны быть железобетонные или в виде кирпичных сводов.

Междукамерные перегородки делаются кирпичные, толщиной в 1,5—2 кирпича, каменные или железобетонные. Чрезвычайно важное значение имеет звукопроводность этих перегородок. Вопрос устройства незвукопроводных междукамерных стенок является одним из наиболее трудных вопросов. Использование железобетона, ввиду его значительной звукопроводности, следует избегать или, в крайнем случае, производить его облицовку материалами, (фибролит и др.) уменьшающими звукопроводность.

Для уменьшения звукопроводности стены делают пустотелыми внутри с армированием железом или оставляют внутри воздушную прослойку, покрывают внутренние плоскости горячим битумом, что в некоторой степени уменьшает звукопроводность.

Вопрос об устройстве звуконепроницаемых междукамерных перегородок еще не получил своего разрешения и требует дальнейшего изучения.

Стены оштукатуриваются сложным раствором и затем окрашиваются клеевой краской в светло-серый цвет. На стенах желательно сделать панели, окрашенные серой масляной краской, высотой 1,40—1,60 метра от пола.

Не допускается устройство острых углов в камерах. Откосы дверных и оконных проемов и др. следует закруглять.

Двери общих и одиночных камер делаются следующих размеров: 69—74 см ширины, 188—192 см высоты и 6 см толщины. В центре двери, на высоте 145—150 см от пола делается наблюдательное конусообразное отверстие — «глазок» диаметром со стороны камеры 135—140 мм и со стороны коридора 35—40 мм. В «глазок» со стороны коридора вставляется стекло. Место, куда вставляется стекло, расширяется до диаметра в 55 мм. Для того, чтобы устранить возможность смотреть из камеры в коридор, «глазок» со стороны коридора прикрывается крышкой, вращающейся на штыре. Чтобы крышка вращалась бесшумно, желательно делать ее из каучука. При установке двери следует стремиться к тому, чтобы через «глазок» можно было просматривать наибольшую часть камеры. Для этого дверная коробка устанавливается как можно ближе к краю стены со стороны камеры, почти заподлицо со стеной посредине камеры. При двухстороннем расположении камеры их следует располагать так, чтобы двери, противоположно выходящие в коридор, не приходились бы друг против друга.

Кроме того, в средней части двери на высоте 95—96 см от пола устраивается форточка размером 25X27 см. для передачи заключенным пищи и пр. Дверца форточки открывается в сторону коридора и удерживается в горизонтальном положении кронштейнами или выступающими частями подпятников. Таким образом, в опущенном виде дверца служит подставкой для установки на ней посуды и других предметов, передаваемых заключенному. Для того, чтобы заключенные не могли открывать форточки, она снабжается замком, который открывается со стороны коридора.

Навешивать дверь следует с левой стороны в отношении входа в камеру из коридора, причем, дверь должна открываться в коридор, а не в камеру. Это делается потому, что при навешивании двери с левой стороны надзиратель может ее открывать левой рукой, благодаря чему его правая рука остается свободной, и он может пользоваться ею для отражения возможного нападения со стороны заключенных. Благодаря тому, что дверь открывается в коридор, заключенные не смогут каким-либо способом помешать ее открывать.

ГЛАВА ВОСЬМАЯ. ТЮРЕМНЫЕ ЗДАНИЯ

Для предупреждения массового внезапного выхода заключенных общих камер в коридор, когда открываются двери, последние снабжаются в полу подвижными упорами, благодаря которым двери открываются лишь настолько, чтобы заключенные могли выходить из камеры по одному.

Чтобы не ослаблять дверного полотнища, замок, прирезываемый к двери, делается не врезной, а коробчатый, накладной. Конструкция замка должна быть такой, чтобы он не мог открываться отмычкой и закрывался бы на три поворота ключом. Для того, чтобы дверь закрывалась быстро, замок делается автоматически закрывающимся на первый оборот при захлопывании двери. Чтобы открывать ее со стороны коридора, к ней приделывается железная скоба.

Все камерные двери в тюремном корпусе не должны открываться одним ключом. Для предупреждения этого, в тюрьме необходимо иметь несколько типов замков, отличающихся друг от друга настолько, чтобы ключ от одного типа замка не мог подойти к замку другого типа. Однотипные замки могут быть лишь у дверей камер, выходящих в один коридор.

Для большей прочности дверь со стороны камеры обивается кровельным железом, края которого плотно прижимаются к полотнищу двери угловым железом, прикрепленным по ее обводу. Щели между полом и полотнищем двери недопустимы.

Окна в камерах устраиваются таким образом, чтобы затруднить попытки заключенных смотреть в окно, выбросить в него что-либо, переговариваться через вето. Для этого окна в камерах поднимаются от пола на высоту не менее, чем на 1,60 м от нижнего края створных частей переплетов. С этой же целью вместо подоконников делаются цементные откосы с закругленным углом.

Вместо форточек в окнах делаются верхние откидные фрамуги с замками вагонного типа. Допускается устройство, но только в верхних частях окон, обычных форточек вместо фрамуг, снабженных также замками вагонного типа.

Для удобства протирки стекол, окна желательно делать створчатыми. Створки должны быть снабжены замками.

Размеры окон как в общих, так и одиночных камерах должны быть 85—90 см. ширины и 90—100 см. высоты. В больших общих-камерах устраивается несколько окон, исходя из того, что световая площадь окон должна составлять от 1/8 до 1/15 площади пола камеры.

Остекление окон в камерах производится с внутренней стороны армированным стеклом типа «Монье». На всех без исключения окнах в тюремном корпусе устанавливаются решетки, которые закладываются в стену но всему периметру окна не менее чем на 20—25 см. Решетки делаются либо сварные из круглого железа диаметром не менее 10 мм, либо из стоек (круглое железо диаметром не менее 19 мм) и поперечин из полосового железа размером не менее 50X13 мм, в которых делаются отверстия, через которые проходят стойки. Размер сечения клетки решетки должен быть не более 12 X 20 см.

Решетки могут устанавливаться как между переплетами, так и с наружной стороны корпуса.

Все остальные помещения в тюремном корпусе (комната старшего по корпусу, комната врача для амбулаторного приема заключенных и др.) устраиваются так же, как и камеры.

Коридоры в тюремных корпусах устраиваются шириной от 2 м. до 3 м. Полы и перекрытия в коридорах делаются такие же, как и в камерах.

Окна в коридорах с односторонним расположением камер делаются такие же, как в камерах. В коридорах с двухсторонним расположением камер окна делаются в их торцовых частях, возможно больших размеров для лучшего освещения коридора.

В коридорах желательно устройство кабин, которые делаются в виде шкафа, куда можно было бы поместить одного заключенного при необходимости провести по коридору другого заключенного во избежание их встречи.

Как уже указывалось выше, карцеры должны быть изолированными от всех остальных помещений. Карцеры устраиваются из расчета: 1 карцер на 50—60 заключенных. По своим размерам карцеры могут быть меньше одиночных камер, а именно: шириной 1,80 м и длиной 2,20 м. Двери делаются такие же, как и в камерах, а окна несколько меньших размеров и поднимаются они как можно выше над полом. Полы — асфальтовые.

Уборные в тюремных корпусах делаются из расчета 1 уборной на 10—12 камер. Количество очков в уборной должно быть не менее половины от количества мест в самой большой камере. В коридорах тюремных корпусов со значительным количеством камер разной вместимости уборные могут устраиваться с разным количеством очков применительно к группе камер, прилегающих к уборной.

В уборных устанавливаются также умывальники. Количество сосков (кранов) умывальника должно быть не меньше количества очков, устанавливаемых в уборной.

Особенно тщательно следует устанавливать в уборных трубопроводы и приборы. Обычно устанавливаются унитазы системы «Генуя», а умывальники — простые, корытные. Все приборы следует заделывать так, чтобы не было острых углов, все трубы следует скрыть или в бороздах стен или же заделать в специальные короба. Смывные бачки также надо заделывать со всех сторон. Приборы для спуска воды желательно делать кнопочные, как можно ближе к унитазу. В случае установки обычного спускного прибора с цепочкой, ее следует заделывать в короб, оставляя в нем лишь небольшое отверстие, чтобы просунуть руку для спуска воды.

Кроме унитазов «Генуя», в уборных могут быть установлены писсуары корытного типа на 2—4 человека.

Полы в уборных делаются или цементные или из метлахских плиток.

Кабинеты для допроса заключенных устраиваются площадью не менее 10—12 кв. м. с дверьми обычного типа (не тюремного), обитыми войлоком и дермантином или клеенкой для уменьшения возможности проникновения шума. Окна также створчатые, обычные, с обыкновенной форточкой на нормальной высоте от пола. В окнах устанавливаются решетки тюремного типа.

Полы деревянные или, в крайнем случае, асфальтовые, покрытые линолеумом.

Помещения приема арестованных устраиваются, как указано выше, в административном корпусе рядом с помещением дежурного по тюрьме. Комната для производства обысков устраивается по типу тюремных камер, но она должна быть обязательно светлой.

Кабины для арестованных устраиваются размером 80—100 см. в ширину и 100—150 см. в длину рядом одна с другой с тонкой кирпичной перегородкой между ними. Допустимо также устройство и деревянных засыпных или рубленных перегородок. Располагаются кабины или на одной стороне комнаты или по обеим ее сторонам с устройством между ними прохода шириной около 1 метра. Окон в кабинах не делают. Двери — обычного тюремного типа, но без форточек для подачи пищи. Вверху или внизу двери устраивается сквозное отверстие с решеткой для доступа свежего воздуха.

Сиденье кабины делается во всю ширину наглухо.

При устройстве помещений для приема арестованных следует иметь в виду, что вновь прибывающие арестованные должны пройти санобработку. Поэтому в больших по вместимости тюрьмах желательно рядом с помещениями приема арестованных устраивать душевую.

В комнату для свиданий заключенных, как уже упоминалось выше, для предупреждения непосредственных встреч между посторонними гражданам и заключенными должно быть сделано два совершенно обособленных один от другого входа, и само помещение должно быть перегорожено железной решеткой. По обеим сторонам решетки устраиваются перила, чтобы заключенный и пришедший к нему на свидание не могли близко подойти друг к другу. Рядом с комнатой свиданий размещается комната передач, в которой администрация тюрьмы принимает от посетителей передачи для заключенных.

Во внутренних тюрьмах комнаты свиданий и передач не устраиваются.

Бани устраиваются в виде санпропускника с отдельными душевыми кабинами, выходящими в один коридор, по два душевых рожка в каждой. Количество рожков делается в зависимости от лимита тюрьмы из расчета 1 рожок на 100 заключенных. Все приборы и трубы в душевой должны быть скрыты, для чего в душевых кабинах делается второй потолок заподлицо с сеткой душевого рожка.

В коридоре устраивается один общий для всех душевых кабин смеситель с термометром, и у каждой кабины устанавливается со стороны коридора вентиль, открывающий воду.

Баня-санпропускник устраивается с отдельным входом и выходом из нее. У входа делается раздевальня с отдельными кабинами для раздевания, а у выхода — одевальня с отдельными кабинами для одевания. Количество этих кабин должно соответствовать, примерно, ¾ количества душевых кабин. Кроме того, в бане устраивается дезокамера для приема и сдачи белья и одежды. Дезокамера делается с отдельным входом в нее и двумя окнами: одно — в раздевальню, другое — в одевальню. Сама дезокамера должна быть устроена таким образом, чтобы ее загрузка производилась на одной стороне, а разгрузка — на другой.

Окна и двери в бане-санпропускнике устраиваются обычного тюремного типа, причем, в дверях форточки не делаются. Окна снабжаются решетками. Полы делаются цементные или из метлахских плиток, стены облицовываются плиткой или окрашиваются масляной краской.

В одном здании с баней-санпропускником устраивается прачечная. Прачечные, -в зависимости от количества белья, подлежащего стирке, делаются ручными, полумеханическими или механизированными, и по своему устройству и оборудованию должны полностью соответствовать нормам, установленным для этого рода помещений.

Освещение во всех зданиях тюрьмы устраивается электрическое. Электропроводка в камерах, помещениях приема арестованных, душевых кабинах делается скрытой. В остальных помещениях допустима открытая электропроводка, но на высоте не ниже 2,5 метров от пола.

В камерах и боксах приема арестованных электроосветительная арматура устраивается в виде ящика со срезанными углами, сделаного из дерева на металлическом каркасе с обивкой внутри жестью на асбесте. В нижней части арматуры устраивается дверка, снабженная замком с отъемным ключом вагонного типа. В эту дверку вставляется армированное стекло «Монье», через которое и проникает электросвет для освещения камеры. Выключатель для каждой камеры и бокса делается индивидуальный со стороны коридора.

Душевые кабины и кабины для одевания освещаются через отверстия, устраиваемые над дверью. Они снабжаются индивидуальными выключателями со стороны коридора.

В остальных помещениях устанавливается обычная электроосветительная арматура (плафоны, люцетта). Световая мощность во всех помещениях рассчитывается по нормам для соответствующих помещений (в камерах — -как для жилых помещений), кроме комнаты для обысков в приеме арестованных, где свет должен быть достаточно мощным, чтобы обеспечить тщательность производимого обыска.

Кроме того, со стороны коридора у уборных и у каждых 2—4 камер, в зависимости от их размеров, следует устанавливать штепсельные розетки, -в которые вставляется вилка от ручной переносной электролампы с длинным шнуром. Эта лампа вносится в уборную или камеры для их лучшего освещения при производстве обысков или тщательных осмотров помещений.

Помимо общей сети электрического освещения, устраивается параллельная сеть ПВО (для синих электроламп).

Как правило, во всех тюремных зданиях устраивается центральное отопление. Общая центральная котельная устраивается обычно в подвале одного из тюремных зданий со всеми полагающимися согласно нормам подсобными помещениями. При наличии на участке грунтовых вод котельная устраивается или отдельным зданием или в первом этаже какого-либо из тюремных зданий. Вход в котельную делается отдельный от тюремных помещений.

Особое внимание должно быть уделено установке приборов и трубопроводов системы центрального отопления в собственно тюремных помещениях (камеры, прием арестованных, баня-санпропускник, кабинеты для допроса заключенных и т. п.). В этих помещениях все приборы должны быты скрытыми или защищенными предохранительными ограждениями, не дающими возможности доступа к ним. Радиаторы следует устанавливать в нишах у наружных стен и ограждать специальной решеткой или сеткой, причем, ячейка сетки должна быть не более 3Х3 мм. Трубопроводы прокладываются в бороздах, которые затем заделываются деревом или сеткой «рабитц» и оштукатуриваются.

В отдельных случаях в небольших помещениях допустимо устройство ниш для радиаторов на внутренних стенах. В этих случаях радиаторы также отгораживаются, а трубопроводы (стояки) устанавливаются в коридоре. При установке приборов на внутренних стенах необходимо произвести проверочный расчет — будет ли в данных условиях обеспечена нормальная температура в помещениях и не будут ли промерзать стены.

В остальных помещениях тюрьмы приборы отопления и трубопроводы устанавливаются по обычным нормам и правилам для соответствующих помещений.

В отдельных случаях, когда в тюремных корпусах вместо центрального отопления устраивается печное, печи делаются круглыми или со срезанными углами в сторону камеры для лучшего ее просмотра и в железных кожухах.

Топка в печах устраивается со стороны коридора.

Вентиляция в помещениях тюрьмы делается согласно существующим техническим условиям и нормам для соответствующих помещений. Вентиляция в камерах рассчитывается по нормам для жилых помещений. Во избежание проникновения какого-либо шума из одной камеры в другую по вентиляционным каналам, при устройстве вентиляции в тюремных корпусах из каждой камеры следует выводить самостоятельный, отдельный от прочих, канал. Отдельные каналы соединяются в несколько общих на чердаке.

Все здания, в которых размещены собственно тюремные помещения, делаются из кирпича или камня. Стены первого этажа кладутся толщиной в три кирпича. Толщина стен первого этажа внутренних тюрем может быть в 2 1/2 — 2 кирпича в зависимости от местных климатических условий. Во всех выходных из зданий дверях, кроме деревянных, должны быть еще железные решетчатые двери, снабженные замками тюремного типа. Ключи от этих замков делаются отличными от ключей к замкам камерных дверей. В отдельных случаях, в отдаленных северных районах, допускается постройка деревянных рубленных тюрем.

Как уже указывалось, все тюремные здания и дворы обносятся кирпичной или каменной оградой высотою 4—5 м. Ограда не должна иметь никаких выступов, особенно со стороны тюремного двора. Форма тюремного участка, обнесенная оградой, должна быть, как и форма самих тюремных зданий, наиболее простой, приближаясь к прямоугольнику. Находящиеся на тюремном дворе здания должны быть расположены на расстоянии не менее 5 метров от ограды.

Здания, расположенные на хозяйственном дворе и примыкающие непосредственно к ограде, должны иметь стены высотой не ниже ограды. При устройстве на этих зданиях односкатной крыши, скат следует делать в сторону, противоположную тюремному участку. Водосточные трубы на этих зданиях не делаются, а вместо них устраиваются лотки.

Поверх ограды, которой обнесена тюремная территория, устраивается проволочное ограждение в три ряда, которое делается также и на крышах зданий, непосредственно примыкающих со стороны хозяйственного двора.

С обеих сторон ограды, как внутренней, так и наружной, на расстоянии от 2-х до 5-ти метров от ограды устраивается запретная зона, которая ограждается колючей проволочкой в 6—10 рядов.

В углах ограды устраиваются сторожевые вышки- для несущих внешнюю охрану тюрьмы. Вышки эти могут быть как деревянными, так и кирпичными. Вход на вышку делается со стороны тюремной территории и должен иметь замок с внутренней стороны. Площадка вышки делается на высоте одного метра над оградой. Вход на площадку устраивается через люк, который делается в полу самой площадки.

На площадке с двух сторон делаются глухие перила высотой 1,20 м., а на остальных двух сторонах устраивается сплошная стена с раздвигающимися в сторону оконными переплетами. Над площадкой делается крыша.

Входов в тюрьму устраивается не больше двух: один — на тюремный двор, как указано выше, с двумя воротами, между которыми образуется как бы небольшой проходной двор и один — на хозяйственный двор. Ворота делаются железные, глухие. Чтобы не влиять на прочность самих ворот, в ограде делается также железная глухая дверка (калитка), а в ней железная и тоже глухая форточка, через которую стоящий у входа надзиратель мог бы увидеть желающего пройти в тюрьму и проверить его право на вход. Запираются ворота обычно на массивный замок тюремного типа.

Прогулочные дворы обычно ограждаются сплошным деревянным забором, в котором устраивается калитка, снабженная замком тюремного типа и «глазком».

В прогулочном дворе устраиваются по кругу прогулочные дорожки из асфальта или щебенки. Вся остальная часть двора засыпается песком и утрамбовывается.

При устройстве прогулочных дворов должны быть предусмотрены стоки для дождевых вод.

ГЛАВА ВОСЬМАЯ. ТЮРЕМНЫЕ ЗДАНИЯ

Все дворы, как тюремные, так и хозяйственные, полностью не асфальтируются и не замащиваются. На них мостятся или асфальтируются лишь необходимые подъезды (к кухне, к окладам, к корпусам и т. п.) и устраиваются тротуары.

Вся территория тюремного двора должна быть тщательно очищена от камней и др. подобных предметов.

При устройстве стоков для дождевых вод и их вывода за пределы тюремного двора, а также в случае устройства каких-либо тоннелей (с водопроводом, канализационными трубами, трубопроводами центрального отопления) в местах их пересечения с забором, ограждающим тюрьму, обязательно должны быть установлены железные решетки.

Следует иметь в виду, что вся тюрьма должна быть ограждена камнем, кирпичом или железом, вследствие этого во всех дверных и оконных проемах зданий, примыкающих к баркасу и выходящих непосредственно на улицу или соседние участки, следует делать железные решетки и железные решетчатые двери.

Вокруг всех зданий устраивается отмостка.

Территория тюрьмы должна освещаться электрофонарями на столбах. По забору устраивается охранное освещение. На каждой сторожевой вышке устраивается по два прожектора с ручкой для его вращения в разные стороны.

При строительстве новых тюрем следует предусматривать в них устройство газоубежищ.

Оборудование тюремных корпусов

Стационарное оборудование, т. е. оборудование, наглухо закрепленное к полу или к стенам камеры, устанавливается лишь в одиночных камерах тюрем, во всех камерах тюрем для содержания осужденных и во всех карцерах. Установка стационарного оборудования в одиночных камерах внутренних тюрем не обязательна.

Стационарное оборудование камер состоит из койки, стола и табуретов. В одиночных камерах койка устрашается подвесной, наглухо закрепленной к стене и снабжается замком с отъемным ключом вагонного типа. При откидывании койка либо упирается в пол стойками, которые при убирании койки загибаются, либо держится на специальных подвесках. При закрывании койки коечный замок должен автоматически запираться. В поднятом положении койка доходит до стены и удерживается в этом положении на запоре.

Койки могут быть как деревянные, так и железные.

При устройстве в стенах ниш для коек следует иметь в виду, что толщина стены в местах устройства ниш должна быты не менее 25—30 см. Кроме того, железные анкера, закрепленные в стене и держащие койку, не должны доходить до края стены в соседней камере примерно на 5—10 см.

Табуреты и столы делаются обычно с железными ножками, которые наглухо прикрепляются к полу камеры. Внизу под крышкой стола делается открытая полка. В отдельных случаях полку можно прикреплять к стене над койкой. Размеры стола делаются из расчета одновременного пользования им всеми заключенными, содержащимися в камере; количество табуретов устанавливается по количеству подлежащих содержанию в камере заключенных.

В карцерах устраивается одна лишь подвесная койка, с расчетом пользования ею без матраца, либо лежанка, прикрепленная к полу.

В общих камерах тюрем для содержания осужденных устанавливаются простые железные койки, наглухо закрепленные ножками к полу. Наглухо к стенам прикрепляются также и полки.

В камерах, где стационарное оборудование не устанавливается, внутреннее оборудование состоит из простой железной койки, легкого деревянного стола с открытой полкой внизу и деревянных табуретов, которые вносятся в камеру в зависимости от количества заключенных, содержащихся в ней в данный момент.

Кроме указанного оборудования, в камерах должны быть параши.

Кроме того, в отдельных случаях одиночные камеры оборудуются умывальниками и унитазами. Умывальники устанавливаются в виде чугунных раковин. Унитазы также чугунные, без бачков, с кнопочными приборами для спуска воды или с отводом от умывальника.

Средства связи и сигнализации в тюремных корпусах

Средством связи и сигнализации в тюрьмах служат внутреняя телефонная станция и звонковая сигнализация; кроме того, в отдельных случаях может быть установлена тревожно-охранная сигнализация типа «ПОЛО» и светоблокировочная сигнализация.

Для внутренней телефонной связи устанавливается телефонный коммутатор МБ или ЦБ, емкость которого зависит от размеров тюрьмы и количества подлежащих в ней содержанию заключенных. Этот коммутатор должен иметь соединительные линии с местной городской телефонной станцией.

В больших по вместимости тюрьмах допускается устройство автоматической телефонной станции вместо коммутатора ЦБ.

Кроме того, все посты наружной охраны тюрьмы должны быть связаны отдельной самостоятельной телефонной связью с караульным начальником или, если последнего нет, с дежурным по тюрьме. Для этого в караульном помещении или в помещении дежурного устанавливается отдельный малый коммутатор системы МБ. Этот коммутатор не должен иметь связи с городской телефонной станцией.

Звонковая и тревожно-охранная сигнализация типа «ПОЛО» служит для связи дежурного по тюрьме со всеми постами надзирательского состава. Она должна иметь также и обратное действие.

Кроме, этого, самостоятельная звонковая сигнализация устраивается для связи постов наружной охраны с караульным начальником или дежурным по тюрьме.

Светоблокировочная сигнализация делается для регулирования движения заключенных по тюремному корпусу во избежание их встречи друг с другом.

Устройство и оборудование хозяйственных и подсобных помещений

Все хозяйственные и подсобные помещения тюрьмы устраиваются и оборудуются в соответствии с существующими для них нормами и техническим условиями и размещаются, как указывалось выше, на хозяйственном дворе, за исключением внутренних тюрем, в которых эти помещения могут располагаться в самом тюремном корпусе.

Необходимо лишь немного остановиться на устройстве тюремной кухни. О ее месторасположении указано уже выше.

Существующие нормы и технические условия для кухонь могут быть несколько пониженными.

Тюремная-кухня должна состоять из следующих помещений: а) варочного зала с 3 котлами для приготовления пищи заключенным и одной плитой. Размеры котлов определяются по наибольшему количеству заключенных, которые могут содержаться в тюрьме; б) 2—3 заготовочных для мяса, рыбы и овощей; в) мойки для мытья кухонной и столовой посуды; г) хлеборезки; д) раздаточной; е) кладовой для хранения суточного запаса продуктов; ж) помещения для отдыха и приема пищи обслуживающего персонала кухни с индивидуальными шкафами для хранения одежды; з) уборной-умывальной, а в значительных по размерам кухнях — и душевой.

Если кухня размещается в тюремном корпусе, она должна иметь отдельный вход, и ее сообщение с остальными тюремными помещениями для раздачи пищи должно производиться только через окно, устроенное специально для этой цели. Это окно должно выходить в тюремное помещение так, чтобы раздача пищи не мешала бы движению людского потока в тюрьме.

www.ingramcontent.com/pod-product-compliance
Lightning Source LLC
Chambersburg PA
CBHW071743150426
43191CB00010B/1671